保育園は子どもの宇宙だ!

トイレが変われば保育も変わる

無藤　隆・汐見稔幸 監修
岡本拡子 編集

北大路書房

プロローグ

　本書は，2006年9月19日，大阪府門真市にある社会福祉法人友愛福祉会おおわだ保育園にて開催された公開研究会「保育園は子どもの宇宙だ！　トイレが変われば保育も変わる」の記録です。

　おおわだ保育園は，2005年に「赤い羽根募金」の助成金に当選して，1，2歳児クラスの子どもたちが利用するトイレの改修工事を行ないましたが，このトイレが2006年度こども環境学会の「デザイン賞」を受賞することとなり，その記念として，この研究会が開催されました。

　トイレを改築し，それが「デザイン賞」を受賞するまでに至る，それは単に「古くなったトイレを新しくきれいにする」という考え方だけでは実現しなかったのではないかと思います。トイレ改築が保育そのものをも見直すことになる，そのようなコンセプトをもって取り組むことができたのは，おおわだ保育園とアクトウェア研究所の村上八千世先生との出会いがきっかけでした。村上先生は，早稲田大学の研究員をなさっていて，子どもの排泄行動に関してのご研究をされていました。また，トイレコンサルタントとして，小学校や幼稚園，保育所などにも排泄教育の「出前講座」に行かれるなどの活動もされています。自治体や企業にトイレのあり方について提言したり，トイレに関する絵本も出版されたりと，まさに「トイレの専門家」として幅広く活躍されていた方でした。

　おおわだ保育園の馬場園長先生と村上先生は，保育関係者で作るあるメーリングリストを通じて知り合ったのですが，フットワークの軽い村上先生は，馬場先生が「トイレを改築する」と知ってすぐにおおわだ保育園まで出向いてくださり，トントン拍子にトイレ改修の話が進みました。村上先生がプロデュースをしてくださることによって，トイレ改修は，子どもの発達や使い方，さらには保育のあり方までをも考え抜いて作るという，一大イベントとなりました。

　その詳細については，本書第1部で詳しく述べられていますが，結果として，このトイレ改修は，おおわだ保育園に革命的な転換を巻き起こしたのです。「トイレが変われば保育も変わる」というキャッチフレーズは大げさなもので

はなく，子ども，保育士，園長，そして園全体が本当に大きく変わり始めたのです。当時馬場先生は，園長になられてまだ1年目でしたが，それまで園が抱えていたさまざまな問題点も積極的に変えていこうという意気込みが感じられました。馬場先生のそのような意欲は，周囲の人間をも巻き込み変えていくエネルギーのようなものがあり，保育士さんたちにも変化が見られるようになりました。トイレ改修では，予算の関係でトイレの壁のペンキ塗りを保育士全員で行なうことになり，そういったことも園長，保育士たちの絆を深めていく要因になったことを考えると，困難な問題もよい結果に結びつけていくことができる力が馬場先生やこの園にはあるのだと思います。

　このようにして仕上がったトイレは，こども環境学会のデザイン賞に応募することになり，見事，受賞を果たしたのです。そしてこの賞をいただいたことが，マスコミに取り上げられたり，今回の研究会を開催したりする結果へとつながりました。研究会は私の提案ですが，そもそもは多くの方にこのトイレを見ていただきたい，トイレが主役になることはめったにありませんが，園環境が大切といわれるならトイレにももっと着目すべきという思いからでした。以前からことあるごとにご指導いただいていた白梅学園大学学長無藤隆先生にご相談したところ，日程を調整していただきご講演を引き受けてくださることになりました。また，こども環境学会の副会長をされている東京大学大学院の汐見稔幸先生（当時。現在は白梅学園大学）にもぜひお話をいただきたいと思いましたが，私も馬場先生も面識はなく，無藤先生にお願いしたところ，このことも快く引き受けてくださり汐見先生にお願いしてくださいました。

　お忙しいお二人が同じ日に大阪に来てくださることなどあり得ないと思っていたのですが，このように奇跡的な幸運に恵まれました。プログラムの最初には，トイレ改修にテーマを絞ったパネルディスカッションを企画しました。馬場先生から園の概要についてお話しいただいたあと，村上先生からトイレ改修のコンセプトや経緯をトイレコンサルタントの立場からお話ししていただきました。そして子どもの変化や保育士の変化などについては，おおわだ保育園主任保育士である本田美佐枝先生からお話しいただこうと思いました。本田先生は馬場先生の右腕として，また保育士と園長の間をつなぐパイプ役として，園にはなくてはならない存在であり，園の変化を一番よくわかっている方なので

す。

　第2部には，無藤先生から「園環境を活かした保育」というテーマで講演をしていただきました。無藤先生と私は，この数年科研費研究などでご一緒させていただいていますが，特に園環境や教材研究に関しては先生の最近の関心テーマであると思います。大変示唆に富むお話をいただけたと思っています。

　そしてプログラムの最後は「トイレにとどまらず，広く園環境をテーマにしたシンポジウムにしたい」と考え，園環境に関する研究をされている方々をシンポジストとしてお迎えしようと企画しました。関西で最近活躍されている若手の保育研究者，常磐会短期大学の卜田真一郎先生と，樟蔭東女子短期大学の瀧川光治先生にお話したところ，これもまたご快諾いただけました。そして長い保育経験をもち，現在は保育士養成に携わっていらっしゃる東京成徳短期大学の寺田清美先生は，今もなお多くの保育現場でのフィールドを重ね，実践的な活動をされている方です。このようなベテランの先生と若手の研究者とのコラボレーションもまた大変興味深いのではないかと考えました。

　また司会・進行を引き受けてくださった千葉大学の砂上史子先生は，無藤先生，瀧川先生と私の4名で続けている科研費研究の共同研究者です。砂上先生は，無藤先生の下で学び，保育現場をフィールドとしながらの保育研究を続けてこられ，私たちにとっても大変示唆に富む鋭い意見を発してくださる方です。砂上先生の視点からおおわだ保育園の保育をどのように捉えられるか，私はとても興味がありましたので，無理を言って司会・進行をお願いしました。最後のシンポジウムでは，卜田先生，瀧川先生，寺田先生の話題提供に加え，無藤先生と汐見先生の両巨匠に指定討論をお願いするという贅沢極まりないメンバーとなりました。

　このようにして，見事に「役者は揃った」というようなプログラムを組むことができたのです。そしてこの企画を先述のメーリングリストに流したところ，メンバーである北大路書房の関一明氏から，協賛のお申し出とともに本書出版の企画も同時にあわせてご提案いただけたことも，数々の幸いなる「出会い」のなせる業であったと思います。

　研究会当日は，全国より約300名の参加がありました。当初は200名で締め切ろうと考えていたのですが，せっかくお申し込みいただいたのだから，みな

さんに来ていただきたいという馬場先生の意向で，申込者全員，公開保育からご参加いただきました。結果的に大人数となりやや混雑してしまったところは，反省点として今後どうするかを検討していかねばならないと思っています。また，研究会終了後に寄せられた質問やご意見についても，中には厳しいご批判やご指摘もありました。それらについても園長，保育士はじめ，この大きなプロジェクトに関わった者たちみんなで考えていきたいと思っています。しかし，これらの意見は，じつはおおわだ保育園だけの問題ではなく，多くの園にも共通した問題ではないかと私たちは捉えています。「保育の質を高める」ことが保育界の大きな目標となっている今日，この研究会や本書が，それらの問題について考えるきっかけとなればと願っています。

　最後に，本研究会には，松下電工，ボーネルンド社，ひかりのくにの各社からもご協賛いただけたことで，多くの方にご参加いただくことができました。研究会当日にもお忙しい中お越しいただきました協賛各社のみなさまに感謝し，この場を借りまして深く御礼を申し上げます。また本書は，研究会の記録をテープ起こしたものをもとにしていますが，その作業は大変なものであったと思います。本書出版に際してご尽力いただきました北大路書房の関一明氏，編集の奥野浩之氏，北川芳美氏にも深く感謝の意を表わしたいと思います。

　そして何よりも，公開保育・研究会開催にあたりまして，ご理解を示してくださり，ご協力くださいましたおおわだ保育園園児の保育者の皆様，当日，多くの参加者をあたたかく迎えてくれた子どもたちに，心より感謝いたします。

編　者
岡本　拡子

もくじ

プロローグ ……………………………………………………………………………… i

第1部　パネルディスカッション
トイレは子どもの宇宙だ！〜トイレが変われば保育も変わる〜（司会　砂上史子）… 1

1. おおわだ保育園の概略と保育（馬場耕一郎）………………………………… 2
2. トイレづくりは人づくり―1〜2歳児のためのトイレ改修―（村上八千世）……… 8

  コーディネーターの役割　8
  子どもの排泄に対する羞恥心　9
  施設の老朽化　11
  排泄の大切さを子どもに伝えるにはトイレ環境が大事　12
  改修前のトイレの問題点　13
  改修のためのコンセプト　15
  改修後のトイレの様子と効果　16
  保育士さんたちとワークショップを重ねて　18
  まとめ　19

3. 子どもの変化・保育の変化（本田美佐枝）……………………………………20

  改修前のトイレ　21
  改修後のトイレ　23

4. 指定討論（汐見稔幸）……………………………………………………………26
5. 質疑応答 …………………………………………………………………………31

第2部　講演
園環境を活かした保育（無藤隆）……………………………………………………37

  園の環境が大切　37
  モノと出会う　38
  入り込むこと　41
  空間の区切り方　42
  身体の動きを育てる　45
  日々の生活での出会い　47

第 3 部　シンポジウム
保育園は子どもの宇宙だ！（司会　岡本拡子）……………………………………50

1．ごっこをつなぐ，ごっこを深める（卜田真一郎）………………………………51

「ごっこの町」を行なう前の子どもたちの遊びの状況　51
遊びの中でのEちゃんの姿　53
9月のごっこ遊びのねらい・環境構成・指導と援助の方向性　54
ごっこ遊びの姿はどう変わったか　56
Eちゃんの「関係」と「活動の姿」の変化　57
実践の背後にあったもの　59
実践をとおして気づいたこと―遊びと関係の発展の見通しについて―　60

2．遊びの楽しさは子どもの探究心を誘う―科学する心の宇宙―（瀧川光治）…………61

（子ども自身の）科学する心の宇宙　62
「ビー玉転がし」（5歳児）の事例から　63
「科学する心」＝「認知的側面と情動的側面の両側面」　66
「環境を構成・再構成する」＝「子どもの活動の様子から保育の展開を見通す」　67
問題解決の過程　68
「遊びの展開」と「遊びが復活して展開していくこと」　68
子どもにとって（大人にとっても）「楽しい」保育を！　69

3．科学する心の宇宙―乳幼児の心を育む絵本との関わり―（寺田清美）………………70

事例1：とも子（9か月・女児）への読み聞かせより　72
事例2：場面展開の多い例　絵本「じどうしゃにのった」より　72
読み語り前に環境設定は必要か？　75
事例3：4歳児クラス1年間の絵本の読み聞かせによる変化　75
3つの「間」　76
今後の保育園子育て支援への提案―地域との連携・異世代間交流など―　76

4．指定討論 ……………………………………………………………………………78

第4部　全体討議
フロアからの質問にこたえて …………………………………………………… 89
　1．第3部シンポジウムへの質問にこたえて ………………………………… 90
　2．第2部講演への質問にこたえて …………………………………………… 92
　3．第1部パネルディスカッションへの質問にこたえて …………………… 97
　4．総括 ………………………………………………………………………… 100

エピローグ …………………………………………………………………… 103

　　トイレの清潔の保持　103
　　保育室一体化の利点と問題点　104
　　保育内容と保育士の関わり　105
　　無藤先生の総括—おおわだ保育園の保育について—　106
　　　・子どもを見ること
　　　・教材研究を徹底する
　　　・音の問題について
　　　・どうすればおおわだ保育園の保育はよくなるか
　　最後に　108

第1部 パネルディスカッション

トイレは子どもの宇宙だ！
〜トイレが変われば保育も変わる〜

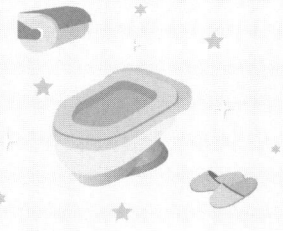

司　会　　砂上　史子（千葉大学）
話題提供　馬場耕一郎（おおわだ保育園）
　　　　　村上八千世（アクトウェア研究所）
　　　　　本田美佐枝（おおわだ保育園）
　　　　　汐見　稔幸（東京大学）

砂上　皆さまこんにちは。本日パネルディスカッションの司会をいたします千葉大学教育学部の砂上史子と申します。よろしくお願いしたします。パネルディスカッションのテーマは「トイレは子どもの宇宙だ！　トイレが変われば保育も変わる」です。午前中の公開保育で，1，2歳児クラスのしろ組さんのトイレをたくさんの方がご覧になっていました。きっといろいろな驚きや感激を感じられたのではないかと思います。このパネルディスカッションでは，より詳しくおおわだ保育園のトイレの改修について，さらに園環境，保育について議論を深めていきたいと思います。

　今日，話題提供をしていただく先生方をご紹介します。まず，おおわだ保育園の園長先生の馬場耕一郎先生です。馬場先生からは，このおおわだ保育園の概略とトイレ改修にまつわる経緯をお話しいただきたいと思います。

　続きまして，アクトウェア研究所の村上八千世先生です。村上先生からは，トイレコンサルタントのお立場から具体的なトイレ改修の経緯のお話をしていただきたいと思います。

　そして3人目は，おおわだ保育園の主任保育士の本田美佐枝先生です。本田先生からは保育者の立場からトイレ改修の経緯と，トイレ改修の前と後の子ど

もの姿や保育の違いについて具体的にお話ししていただきたいと思います。

以上，お三方に話題提供していただいたあとで汐見稔幸先生に指定討論をいただきます。汐見先生は東京大学大学院の教授であり（当時），こども環境学会の副会長でいらっしゃいます。今回おおわだ保育園のトイレがこども環境学会のデザイン賞を受賞したポイントや，トイレ改修から保育環境や保育がどのように捉えられるかというお話をしていただきたいと思います。そしてそのあと，フロアの皆さまからご質問やご意見をうかがっていければと思っております。

1　おおわだ保育園の概略と保育

馬場　おおわだ保育園の馬場と申します。よろしくお願いいたします。私からは，「おおわだ保育園の概略と保育」についてお話しさせていただきます。おおわだ保育園は1981（昭和56）年に大阪府門真市に開園して，今年で26年になります。

2006（平成18）年9月1日現在，園児150名が在籍しています。保育の中で力を入れていることの1つは，「体を思い切り動かして遊べる環境を提供する」ということで，体育館（写真1-2）も活用しています。

日常の保育では運動遊びのときに使ったり，16時半からは延長保育で使用したりして，雨の日でも思いっきり遊べるようにしています。また，この体育館の下にも土のグラウンドがありますので，そちらでも思いっきり体を動かせます。天候に左右されることなく，運動会も実施できます。

写真1-1　おおわだ保育園全体像

写真1-2　体育館

もう1つ取り組んでいることは,「無駄な動きをなくす」ということです。私は今まで担任をもって保育している中で,「本当にこれをしないといけないのかな」と思うことがたくさんありました。ですから,園長になってから,たとえば,「4月は,園児と思いっきり遊びなさい。それが保育士の仕事です」と指示するなど,必要なことにしぼって保育できるよう心がけているのです。本当に必要なことができたうえで,1つずつ増やしていくようにして,「はじめからすべてをやりなさい」というようには考えていません。園の備品もその場に置く意味を考えて配置するように意識しています。

　ログハウス（写真1-3）は,1階を0歳児の保育室にして,他の園舎と別棟にしました。0歳児には「静かで落ち着いた環境」がよいと考えてのことです。2階は,下に赤ちゃんが寝ているので,静かに遊べる環境として,図書室とおもちゃ室になっています。図書のディスプレイも工夫しました。絵本作家の方に聞くと,表紙を考えるのに一番時間をかけているそうです。でも並べられるときは背表紙しか並べられなくて残念ということだったので,その思いを何とかして伝えたいなと考えて,このようなディスプレイ収納（写真1-4）にしました。この絵本も定期的に変えるようにし,いつ行っても「また,新しい絵本が入っているな」と思えるようにしています。

　おもちゃ,パズルなどもできるだけ立てて見せるようにしています。私たち大人も買い物に行ってディスプレイしているものがほしくなります。「これ使ってみたいな」という気持ちになると思いますが,子どもたちも積み重ねられ

写真1-3　ログハウス

写真1-4　絵本のディスプレイ収納

ているパズルより，飾られているパズルで遊びたいのではないかと思います。そのパズルを定期的に入れ替えておく。「保育園にはなんておもちゃがいっぱいあるんだろう」と感じられる演出をしています。

体育館の下にはプールがあります。半面にフロアが設置され，水深が30センチくらいです。8月の半ばぐらいからは，1歳児も喜んで入っています。サッカーゴールも置いて，プールの中でも活動量を増やすようにしています。よく「待ち時間が長い体育活動，説明の長い体育活動」というものがありますが，それをいかになくし，活動量を上げるかということを考えています。泳ぐときはこのような感じ（写真1-5）で泳ぎます。乳児用のプール（写真1-6）もあります。今まではコンクリートだったのですが，おもちゃを入れたり，別の小さなプールの中にプールを入れたりして，変化をもたせるように演出しています。

体育館の下の遊具（写真1-7）は，可能なかぎり定期的に場所を動かすようにしています。全職員で「よいしょ」と後ろのジャングルジムと場所を入れ替えたり，角度を変えたりしています。

畑（写真1-8）もあって，芋・大根・プチトマトなどを植えています。給

写真1-5 プール活動

写真1-6 乳児用プール

写真1-7 体育館下の遊具

食に出た野菜の端切れなどは，生ゴミ処理機にかけすべて肥料にして無農薬で育てています。

　遊具の汽車（写真1-9）の下にはコマがついていて，これも可動式になっています。保育園はいつ行っても新しい新鮮な刺激があるように演出できないかなと思い，実践しました。朝，登園してきたときに汽車が動いていたらおもしろいなと。定期的に汽車を動かすと，「あっ，また場所が変わっている」と子どもたちはいつも新鮮な気持ちで遊ぶようになります。小屋の入り口の向きだけを変えるような，ちょっとした変化も感じてもらえる環境を考えています。

　自由遊びが終わってから，片づけだけでなく掃除もできるかぎり子どもたちにやってもらうようにしていますが，大量のちりとりやほうき（写真1-10）も並べて収納するよう工夫しています。子どものいざこざが起こる原因は何かと考えると，いっせいに行き，取り合いになってしまう。それをなくすにはどうすればよいか考え，横に並べるようにしました。そうするといっせいに行っても混雑しないようになりました。ジョウロや砂場のスコップ，体育館の遊具なども，横一列に片づけ，取りに行ったり片づけたりするときに混雑しないよ

写真1-8　畑の活動

写真1-9　園庭の汽車

写真1-10　ちりとり，ほうき

うに，待ち時間をなくすように工夫しています。それはまた，先ほどの図書コーナーと同じように「見える工夫」にもなっているわけです。

たとえば，体育館に置いてあるボールラック（写真1-11）には，すべてキャスターがつけてあります。子どもたちが両脇から取るようにすると，混雑が少ないですし，待ち時間も短縮できます。ボールもただ単に並べるのではなく，並べながらもどのような色がいいかとデザイン性をもたせて考えています。

写真1-11　ボールラック

さて，トイレ改修のきっかけですが，補助金がどんどん減っている中，お金がないから諦めるというのはなかなかできなくて，「お金がないなら獲得してくればいいんだ」ということで，赤い羽根共同募金の助成金に応募したことでした。「悲惨なトイレで使いにくくて，老朽化が激しく……」という現状を書きましたら，見事助成金を振り分けていただきました。同じ作るならおもしろいものを作りたい。おもしろいというと誤解を招く表現かと思いますが，仕事をしていておもしろい環境，おもしろい雰囲気ってどうだろう。仕事をしていて楽しいな，おもしろいな，大阪弁でいうと「おもろいな」というような，そういうイメージで考えています。自分1人で思い悩んでも仕方がありません。最近はメールという便利なものがあるので，わからなければ誰かに尋ねればいいのです。そこでメーリングリストに投げかけたところ，村上先生と出会うことができました。村上先生が大阪に来られるときに，「じゃあ，園に行きましょうか」ということで保育園に来ていただきました。

最初，トイレの助成金が当たったときは，便器を取り替えるだけでいいんだろう，ペンキを塗り替えるだけでいいんだろうという程度の考えで，最初から何もおもしろいトイレ，こんなトイレが出来上がるとは思ってもいませんでした。でも，村上先生と出会って，「トイレについてこんなにも一生懸命考えている人が存在するんだ」ということにすごく感銘を受けました。いつのまにか「じゃあおもろいトイレを作りましょう」と，帰られるときにはそのような話になっていました。

おもろいトイレが出来上がったのは，作る過程でトイレ会議というのを職員会議とは別に開催したからです。それまでの会議というのは情報伝達で，園長ばかりがしゃべっている状態でした。でも，トイレに関する考えが何か1つぐらいはあるはずだ，みんなトイレに関する不平不満はいっぱいもっているはずだと思い，みんなに意見を求めるようにしました。それをみんなが出してくれたわけです。ただ1回だけでは無理でした。半年間で7回，細かい会議を入れますと10回ぐらいそういった会議を積み重ねることで，職員のお腹の中にある意見が出てきました。

　通常，改修工事の打ち合わせを行なうのは理事長や園長の仕事になってしまいがちですが，「Working together」という合言葉で，一緒にトイレを作りました。トイレが変わればどうなったかというと，今まで園で一番汚いところがきれいになった。以前は薄暗く臭いのもありました。トイレ以外も最初からこのような環境ではありませんでした。私がおおわだ保育園に着任して5年ですが，以前はホコリだらけ，壊れたものがあってもそのまま放置されている，窓もくもっているという状態でした。でも保育士に対して，「報告してくれてありがとう」ということを繰り返していくと，最初の1年ぐらいで壊れたら報告してくれるようになり，次の1年で壊れそうになったことを報告してくれるようになり，最近は壊れて自分たちでメンテナンスするようになってきました。そうやって職員の意識が変わっていく中で，さらに一番汚いところがきれいになったということで，「きれい」ということに対する基準が変わったと感じるようになりました。保育に対する姿勢が変わったことで，いろんなことを考えるようになりました。私も含めて，今まであたりまえと思っていたことも，考えたり工夫したりしなければならないことがたくさんあるんだと，反省する毎日です。

　トイレが変わったことで保育士の園への思いも変化したなと感じることがあります。たとえば，土曜日にも，子どもをもつ保育士が，片づかない仕事があれば，子どもさんを連れてきたりします。子どもを園庭で遊ばせながら自分は仕事をするという風景が見られるようになりました。休みの日でも自分の子どもを連れてこられる保育園になったということが私としてはすごくうれしいと思います。

私も職員と一緒に汗を流し，保育園の維持管理にあたっています。そんな姿を見て，子どもたちも物を大切にし，大事に扱うようになったと思います。これからもおおわだ保育園を大切に思い，すばらしい職員と一緒によい保育内容を提供していきたいと思います。

次の改修も予定しています。ただ，まったく違う視点から考えていかないといけないと思います。3，4，5歳と年齢が上がるにつれ，「恥ずかしさ」をどう捉えるかだとか，小学校との連携，社会との連携も考えていきながら，トイレをデザインしていかないといけないと考えています。この研究会が終わって落ち着けば改修に向けてスタートしていって，来年また助成金などに応募しながら，よりよいものを考えていきたいと思っています。

砂上　馬場先生ありがとうございました。では続いて村上先生お願いいたします。

2　トイレづくりは人づくり－1～2歳児のためのトイレ改修－

村上　皆さんこんにちは。アクトウェア研究所の村上八千世と申します。私からはトイレ改修の大まかなコンセプトについて説明させていただきます。

コーディネーターの役割

トイレコンサルタントということで紹介していただきましたが，私自身，肩書きを説明するときに，なんて説明したらいいんだろうといつも悩みます。先日，新聞にもトイレコンサルタントと紹介いただいたのですが「いったい何者？」と思われている方も多いと思いますので，簡単に仕事の内容について説明させていただきます。

トイレのことを考えるとき，そこにはトイレを「使う人」や「管理する人」，「作る人」が存在します。保育園でいうと，「使う人」は子どもたち，「管理する人」は保育士さんや保育園，「作る人」は設計士やデザイナーということになります。そういう人たちの意見やニーズをコーディネートし，さらに新しい考え方をその中から打ち出していくというのが私の仕事です。保育園のほかに学校や福祉施設のトイレだったり，観光地や公園のトイレ，オフィスなどさま

ざまなトイレを対象に仕事を行なっています。提案は施設など「ハード」に対するものだけではなくて，人がどのように関わっていけばよいのか，人がどう変わればよいのか「ソフト」に対する提案も行なっています。たとえば小学生が学校では恥ずかしがって排泄を我慢するという問題があるんですが，学校に出かけていって子どもたちに排泄の大切さを話す「出前教室」というものも行なっております。また総合的な学習の時間が小・中学校ではありますが，その中でトイレやトイレ掃除をテーマに，授業のプログラムを開発し，排泄の大切さや利用マナーについて，教育面から指導していくというような仕事もしています。トイレや排泄をキーワードに仕事を手がけています。

子どもの排泄に対する羞恥心

　コンセプトを説明する前に，トイレや排泄をめぐる問題について少しふれておきたいと思います。

　私は子どもとトイレに興味をもっているんですが，特に子どもの「排泄観」，つまり子どもが排泄に対してもっている意識や考え方に興味があります。前述したように，小学生になると多くの子どもは排泄に対して恥ずかしさを抱くようになるという問題があります。恥ずかしいという気持ちは過剰にありすぎると毎日の生活や人間関係がスムーズにいきにくくなりかねません。こういう意識が根付いてしまうのは，現在の所属社会の影響もあると思いますが，おそらく幼児のころからの体験も影響しているのではないかと思っています。今回のおおわだ保育園のトイレの改修ではこういう問題も視野に入れて考えていきたいと思っていました。図1-1は東京，神奈川，静岡，奈良の小学生903人に行なったアンケートの結果で，学校でトイレに行くことを恥ずかしく感じるかどうかを聞いたものです。

　女子も男子も4年生か5年生あたりで「恥ずかしいと感じる」子どもの数と「恥ずかしくない」という子どもの数が逆転します。同様に図1-2が示すように高学年になると排泄時の音にも敏感になっていきます。子どもたちは排泄行為そのものだけでなく，排泄の気配を悟られることにも恥ずかしさを感じているようです。排泄というのは生きていくうえではとても大切なことなのに，なぜこんなに恥ずかしく思うようになったのでしょうか。「出前教室」での子ど

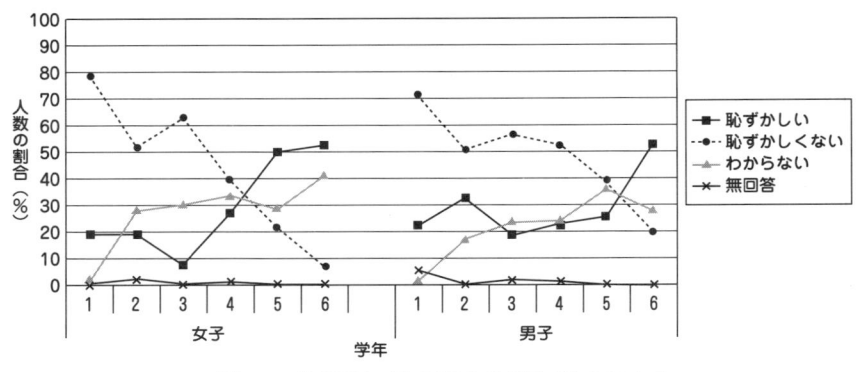

図1-1　学校でトイレに行くのが恥ずかしいか？

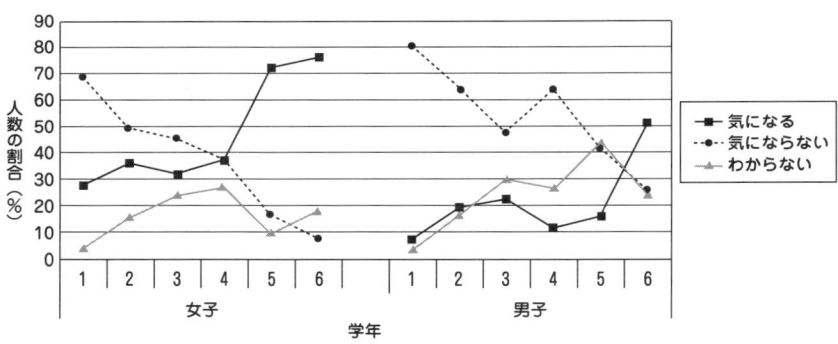

図1-2　排泄時の音が他人に聞こえるのが気になるか？

もたちの反応の中には「ウンコなんか出なかったらいいのに。臭いし，汚いだけや」という意見ですとか，「朝ウンチしたら見てる人？」という問いかけには「そんなん見いへん。見るもんやと思ってなかった」というような意見が出てきます。また「出前教室」では「ウンコ」や「オシッコ」という言葉を繰り返し使って説明をしますが，そうすると高学年の女の子あたりは，「そんなに何回もウンコとかオシッコとか言われたら気分が悪くなるからやめて」というような子もいます。子どもにとってウンコはおもしろさの対象ではあるんですが，ウンコは臭くて汚いだけで無駄なものという印象をもっている子も少なくないんです。

ですが「出前教室」を終えたあとでは「今までトイレに行くのは恥ずかしい

ことだと思ってたんだけど，恥ずかしくないことなんだとわかった」「恥ずかしいと思っていたけど，『恥ずかしくない』と言ってくれてありがとう」というような感想が返ってきます。我慢することで辛い思いをしている子どもも多いのではないかと思います。排泄は毎日のことなので，悩んでいる子どもにとってはすごくストレスだし，できれば悩まずにおおらかにしていられると，生きていくのも楽なんじゃないかと感じます。

施設の老朽化

　もう1つ大きな問題は施設の老朽化があると思います。これはおおわだ保育園だけでなく，全国の保育所にいえることです。単純な施設単位の比較になりますが，公立の小中学校の校舎の約7割が築後20年以上，そのうち約2.5割は34年以上経っています。小中学校の場合，数年前から文部科学省でトイレの改修に補助金をつけるようになったんですね。それで徐々に改修するところが増えています。一方保育所はどうかといいますと，約6割が築27年以上，1.7割が37年以上になっています。つまり10か所に1か所か2か所は37年以上経っているということですね。保育園も積極的にトイレを改修できるような政策が欲しい時期に来ていると思います。このデータは建物全体の築年数をいっているので，トイレだけ部分改修しているところもあると思いますが，便器や間仕切りパネルを交換している程度に留まり，何十年も前のトイレ空間の設計コンセプトをそのまま引き継いでしまっているところが多いのではないかと思います。何十年も前の設計コンセプトとは，簡単に言うと保育室とトイレを完全に区画して，きれいなところと汚いところを分け，トイレの床は水で流せるようにしておくというものです。要するに「トイレは汚い場所」という前提のコンセプトです。

表1-1　建築年別保育所建物数（平成15年10月1日）

	1970年以前 築33年以上	1971～1980年 築32～23年	1981～1990年 築22～13年	1991年～ 築12年以下	総数
実数	3,748	10,267	4,290	4,086	22,391
%	16.7	45.9	19.2	18.2	100.0

社会福祉施設等調査報告（厚生労働省）第54表　保育所数，経営主体の公営―私営・建物の構造，建築年階級別より抜粋加筆

排泄の大切さを子どもに伝えるにはトイレ環境が大事

　本当は子どもというのは排泄とかウンコということが大好きだと思うんですね。幼児期には大人のほうも子どもの排泄にすごく肯定的といいますか,「ああ,ウンチ出たの。よかったね」「こんなん出たの。すごいいいのが出たね」というような言い方をしますよね。だけどいったん子どもが1人でトイレに行って帰ってこれるようになると,だんだん子どもが社会に出て恥ずかしい思いをしないようにとか,汚い思いをしないようにという思いが強くなって,「そんなことをしたら恥ずかしい」「そんなことをしたら汚い」という排泄のマイナス面ばかりを強調する「しつけ」の言動が増えてくるんじゃないかと思います。これは必要なことなんですけれども,プラス面の排泄の大切さというのはあまりにも自明のことなのか,わかっていながらも説明する機会がとても少ないように感じます。このようなアンバランスが,学童期の子どものもつ排泄のイメージを悪いほうへ導いているのではないかと思います。だから排泄の気持ちよさとか大切さを伝えるのをトイレットトレーニングの時期を境にストップするのではなくて,そのあともどんどん語りかけていく必要があるんじゃないかと思っています。

　しかしそうはいっても保育園のトイレが汚ければ,やっぱり保育士さんの緊張感は高まります。きれいなトイレを使っている保育士さんよりも汚いトイレを使っている保育士さんのほうが,「ああそこ,パンツが濡れる」とか「すそがすってる」とか「スリッパをはかないままではだしで行ったらあかん」「汚いからあかん」「恥ずかしいからあかん」などと「あかん」「あかん」「あかん」という規制的な言葉がおのずと増えると思います。

　子どものトイレの使い方は大胆不敵です。濡れたタイルの床をおかまいなしに素足で歩き,しがみつくように小便器や大便器に身をあずけて用を足します。なかには便器に手を入れる子どもまでいます。大人の私たちが見ると「わっ,きたない」と叫びたくなるシーンもたびたび起こりますが,これは子どもたちのたくましさでもあると思います。子どもは自分に合った方法で排泄行動の自立を果たしてゆきます。子どもの汚さや恥ずかしさに対する感覚は大人に比べてはるかに鈍感ですが,その鈍感さが自立を促進させている一面もあるんです。

ついつい「きたない」「だめ！」と言って，行動を中断させてしまいがちですが，便器にしがみつくのは身体を支えるためで，床にしゃがみこんで衣服を整えるのは自らの技術の未発達を補うための子どもなりの工夫であると思います。このような子どもの大胆不敵な行動に大人が寛容であるためには，トイレ環境を清潔に保っておくことが不可欠です。大人が気持ちよいと感じられるトイレ環境なら，きっと子どもたちへの接し方もおおらかになるのではないでしょうか。

改修前のトイレの問題点

おおわだ保育園の新しくなったトイレは，今日皆さん見ていただいたと思います。以前は1歳児と2歳児の保育室の間には壁があり，トイレと保育室はっきり区画されていました（写真1-12）。1歳児クラスというのはまだオムツの子もいれば，オマルを使う子もいれば，トイレの中に入って便器を使える子もいるというふうにさまざまな発達段階の子がいます。オムツはトイ

写真1-12 扉の向こう側がトイレで，保育室とは完全に区画されている。

レ前の床に敷物をしいて子どもを寝かせて取り替えていました。オマルはトイレの前に3つか4つ並べて使っていました。汚れたオムツやオマルの処理は，対角線上の奥にある汚物流しまで行って処理をしていました。トイレの中で便器を使う子どもはスリッパにはきかえて，保育士さんが付き添って用を足していました。

おおわだ保育園では，食事やお昼寝の前，外遊びのあとなどにいっせいにトイレに行くことをうながす方針がとられていますので，トイレタイムには1人の保育士さんが何人もの発達段階の違う子どもの世話をしなければならないという状況でした。ある子どものオムツを替えながら，もう1人を床に寝かせ，なおかつオマルの子どもに声がけをし，別の保育士さんはトイレの個室に入るのが怖いという子どものために扉を支えながら，小便器に向かう子どもに声がけをし，保育室からトイレに入ってくる子どもにスリッパをそろえてあげると

写真 1-13 トイレタイムはてんやわんや。

写真 1-14 お昼寝の時間ごろになるとこのバケツが床にずらりと広がる。

いう，てんやわんやの状態でした（写真 1-13）。

トイレの中にはバケツがたくさん並んでいたんですが，これは洗濯物を仕分けするためのバケツなんですね。これがお昼寝の時間ぐらいになると，床にずらっと並ぶという状態でした（写真 1-14）。トイレの中に洗濯機や汚物流しが設置されていたこともあり，トイレ空間＝ユーティリティーになっていたわけです。子どもたちはバケツの脇を通って，つまずかないように行き来していました。保育士さんたちは日常的にそういうことに慣れているので，それがあたりまえだというふうな感覚になっていたと思います（図 1-3）。

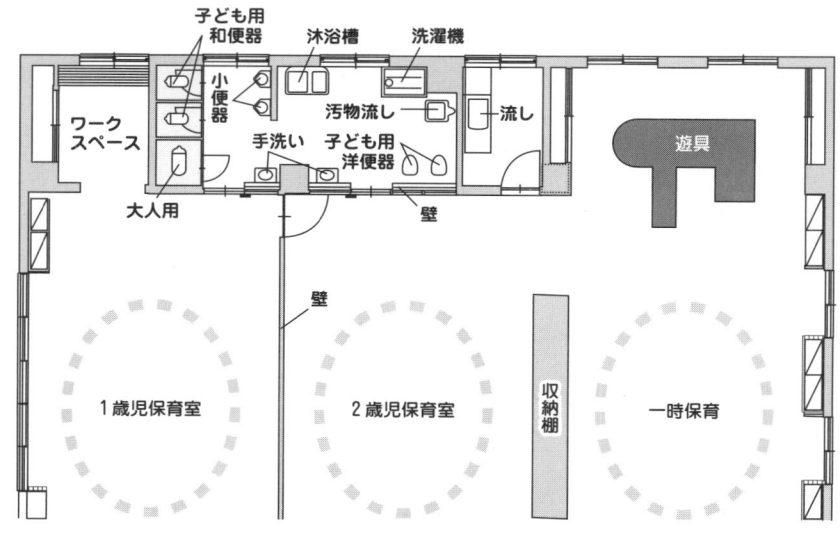

図 1-3 改修前のトイレの見取り図

トイレの床は水洗い仕様になっていたのでスリッパへのはきかえが必要であり，また個室型のトイレブースも子どものアプローチを困難にしていました。また器具の大きさは 1～2 歳児の体型に合っておらず，使いにくい要因となっていました。

細かい点については後ほど本田先生のほうからもお話があると思います。

改修のためのコンセプト

そもそもトイレというのは汚い場所なのかという問題があると思います。たぶん「トイレは汚い場所だから，きれいな保育室とは何らかの方法で区画した

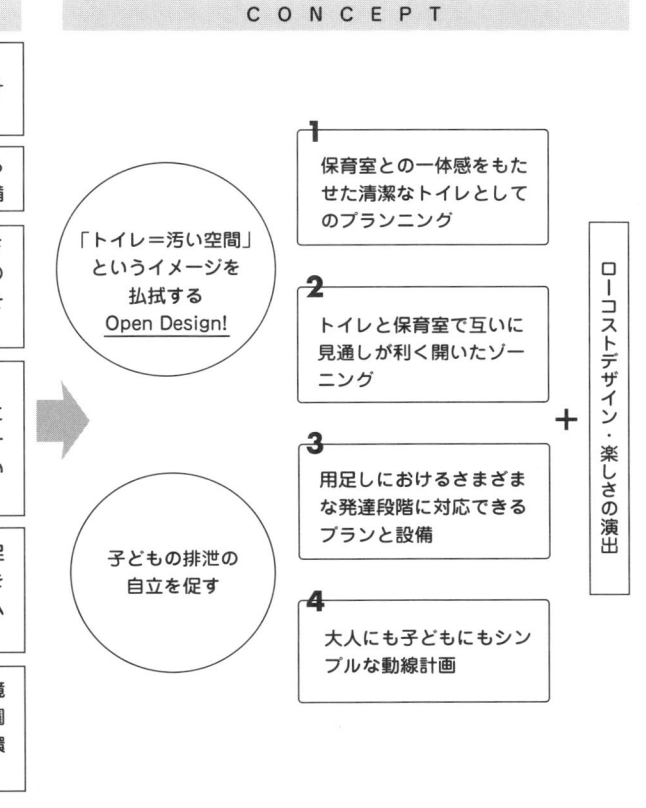

図 1-4　トイレ改修前の問題点と改修のためのコンセプト

い」というふうに今までは考えられてきたのではないかと思います。多くの保育園がそうだと思うんですけれども，衛生性を保とうと思うばかりにトイレを隔離して，ここから手前はきれいなところだけれども，ここから先は汚いところという考えが出来上がってしまったのではないかと思います。結局汚いところとされたトイレは汚れることが前提という扱いになってしまい，ますます汚い場所になっていく可能性が大きくなります。トイレは汚い場所という考えを保育者がもっていたら，排泄に対するマイナスイメージも高まるのではないか，それなら「トイレは汚くないんだよ」ということをコンセプトにしようじゃないかということで，このプロジェクトは始まりました。

同時に子どもの排泄の自立をうながすこともテーマとしましたが，「トイレ＝汚い空間」というイメージが払拭されれば，おのずと子どもがトイレにアプローチしやすいプランニングになり，その結果自立がうながされるという流れになったと思います。さらに，4つの下位コンセプトを設定し実現させました。問題点とコンセプトをまとめたのが図1-4です。

改修後のトイレの様子と効果

改修後のトイレは，何となく保育室と分かれているけれども，空間的にはつながっているトイレとなりました。2か所の入口とにじり口をつけたので，子どもは自分から一番近いところを利用してすぐにトイレにアプローチすることができるようになりました（写真1-15）。オムツ換えコーナーとユーティリ

写真1-15 透けた壁の左右に入り口と，正面ににじり口がある。壁の高さは保育士さんの身長よりも低くして，覗けるようにしている。手洗器も設置した。

写真1-16 向こう側を向いても，こちら側を向いて便器に座っても対応できるようにトイレットペーパーを左右の壁と正面に設置した。

ティーを近くにまとめましたので，オムツを換えてから処理するまでの動線は非常に短くなりました。細かいことはあとで本田先生がいっぱい言ってくださると思いますので，簡単に説明します。改修前は，保育室内に手洗い場がなかったので，手洗器を保育室側につけました。ご飯の前の手洗いですとか，食べたあとの歯磨きも以前は外の手洗い場まで移動していたんですが，室内でできるようになりました。トイレと保育室は見通しの利く壁で仕切っていまして，さらに保育士さんが上から覗くことができる高さに設定しています。トイレの中からでも子どもたちは隙間をとおして保育室の様子を見ることができますし，保育士さんも保育室側からトイレの中の様子を離れていてもうかがえる状態です。トイレの中には幼児用の大便器が4つ並んでいて，どちら向きでも使えるようにペーパーホルダーを左右と正面につけてあります（写真1-16）。壁側に向いて座る子はだいたい月齢が低い子になるので，壁側に手すりを付けて月齢が低い子が身体を支えやすいようにしました。

　それからオマルから便器への移行コーナーというのを作ったのですが，これはオマルから便器にスムーズに移行できるようにオマルと便器を並べて置けるコーナーです。子どもが保育士さんのほうを向いて座れるように置き式の手すりも作りました（写真1-17）。汚物を処理する汚物流しや洗濯機の場所もひとまとめにしました（写真1-18）。

　これらの結果，子どもが1人でトイレに行けるようになる時期がぐんと早まって，保育士さんの手間が省力化され，子どもにとっても保育士さんにとっても排泄の時間に大きな余裕が生まれました。今までは子どもの世話に「追われ

写真1-17　オマルから便器への移行コーナー。置き式の手すりも設置。

写真1-18　汚物流しや洗濯機などをひとまとめにした。

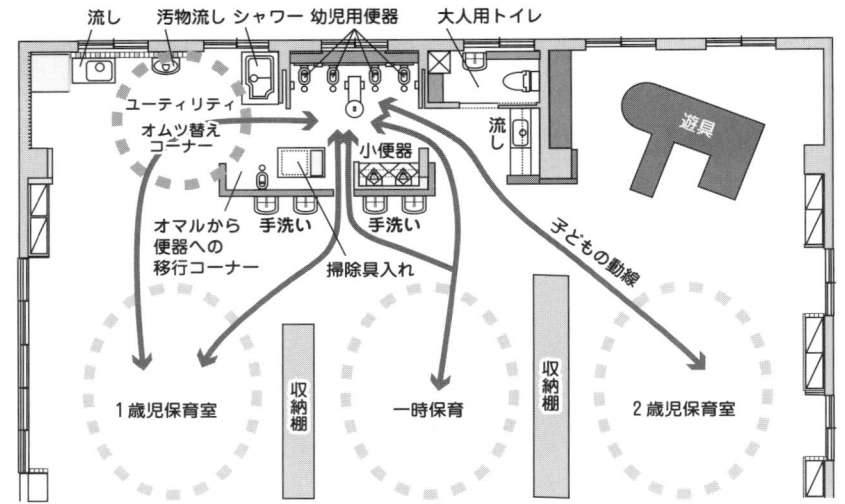

図 1-5 改修後のトイレの見取り図

る」という感じで，全員に用を足させるために必死だったのが，改修後は余裕をもって，子どもの用足しを「見守れる」ようになったのです。また子どもたちも，用を足すときにゆっくり落ち着いてするようになったようです。

保育士さんたちとワークショップを重ねて

保育士さんたちと話し合っていろいろ決める過程で，ダンボールを使ったり，模型を使ったり（写真1-19），ああだこうだと言いながらプランニングをやって，仕上げの塗装もスタッフ全員で塗ってもらいました（写真1-20）。保

写真1-19 ダンボールや模型でプランを検討した。

写真1-20 仕上げの塗装はスタッフ総出で行なった。

育士さんがこういうプロジェクトに参加する意義を考えてみますと，そもそもこういうプロジェクトというのは何かを「変化させる」ということが目的なんですけれども，変化させるためには，何が問題かということをまず把握しなければなりません。しかし，問題点の把握をするにも，保育士さんたちにとって普段あまりにも日常的になっていることは問題点として把握しにくいことが多々あるんじゃないかと思います。先ほどの洗濯物のバケツの問題もそうですし，トイレは汚いところじゃないんだよっていう考えは，なかなか内輪の話し合いからは出てこないと思うんですね。そういうことを一緒に話し合えたことで，これまで問題だと思っていなかった問題点を明確にすることができて，それがわかることによって何をしたらいいかが考えられるようになっていったんです。それから実際に保育士さんがプロジェクトに関わることで，プロジェクトの前と後でどんな変化があったかということを保育士さん自身で目の当たりにできたことがよかったのではないかと思います。出来上がったものをポンと渡されて単に「使いやすいね」と感じるのではなく，自分たちでこうやったからこういうふうに変わったんだということが自覚できるということが一番大きいのかなと思います。施設の変化もありますし，子どもの変化もありますけど，やっぱり保育士さん自身がこういう体験をとおして自分が変化できたと思うことは大きいと思います。変化したあとも，たとえばこういうシンポジウムをすると，シンポジウムに向けて何が変化したかっていうことを整理し直すわけですから，もう1度自分にフィードバックすることで，ほかのことに応用する力もどんどんついていくのかなという気がしました。

まとめ

　「トイレづくりは人づくり」ということをタイトルにしてお話ししましたが，保育園のトイレだけではなくて，どんなトイレを作っていても思うことなのですが，気持ちのよいトイレを作るためにはそれに関わる人が変わらなくては始まらないと思っています。人と環境は相互作用する関係にありますので，モノだけを作ってもダメです。環境を活かして使っていくソフト，すなわち人の関わり方が必要なのです。

　新しくなったトイレを使うことで，園児にとっては排泄は恥ずかしくないと

> **建築概要**
> 【建築主】社会福祉法人友愛福祉会
> 　　　　おおわだ保育園
> 【所在地】大阪府門真市野里41-39
> 【保育室の面積】209.12 m²
> 【トイレ工事面積】29.7 m²
> 【コーディネート・設計】アクトウェア研究所,
> 　　　　椎名啓二アトリエ
> 【施　工】株式会社岡田建築
> 【設計期間】2005年5月～10月
> 【工事期間】2005年10月～11月
>
> 【主な仕上げ】床：フローリング
> 　　　　　　壁：シナ合板/SPF小巾板目
> 　　　　　　　　透かし張り
> 　　　　　　　　OSMOウッドワックス
> 　　　　　　　　仕上げ
> 　　　　　　天井：吸音板
> 【主な設備】幼児用大便器5基, 小便器2基,
> 　　　　　大人用洋式便器1基, 手洗い器
> 　　　　　5基, シャワーパン1基, 汚物
> 　　　　　流し1基, 流し台2基

いうことや，気持ちいいことなんだっていう感覚をこの時期にたっぷり味わうことができ，小学校に行ってからの意識もずいぶん変わるんじゃないかと思います。保育士さんにとっても保育環境に対する創造力がトイレというテーマをとおして育ちやすくなったのではないかと思います。トイレの問題は身近で，保育時間の中でも多くを占めることですから，園環境を変えるための大きなポイントになっているという気がします。そして子どもを変えたり，保育環境を変えたりするためには，保育士さんが変わるということは重要なことではないかなというふうに思っています。

砂上　村上先生，ありがとうございました。それでは，本田先生お願いいたします。

3　子どもの変化・保育の変化

本田　おおわだ保育園で主任をしています本田です。私からは，トイレ改修による「子どもの変化・保育の変化」のお話をさせていただきます。

　トイレ改修による子どもの変化，保育の変化は何かと一言で言うと，排泄に対する意識が高まりました。子どもは食事中であっても気にせず「先生，うんち」と言います。食事中のことですので，改修前はあまり気が進まず，「あー，

出たのね」というくらいの気持ちで私たちはお尻を拭きに行っていました。便をする子どもの人数もそれほど多くいませんでしたので、深く考えることはありませんでした。でも、村上先生と出会うことで、排泄や保育環境について考えることが多くなり、小学校でトイレを我慢する子どもの事例を聞いたり、村上先生の本も読んだりしました。

「うんぴ・うんにょ・うんち・うんご」[*1]の絵本のことは知っていましたが、おもしろい本だなという程度にしか捉えていませんでした。

しかし、月に2度のトイレ会議を重ね、村上先生の、「トイレは汚いところではないんだ」という話を聞くうちに、保育士は積極的に子どもたちにうんちに関する絵本を読むようになりました。ほかにも、岡本先生よりうんちの準備体操の歌である「ダスマン体操[*2]」を教えていただいたりもしました。そういった機会を多くもつことで、「うんちをするのは恥ずかしくないことなんだよ、大事なことなんだね」と子どもたちに話す土壌が育ちました。子どもへの声かけも変わり、「うんち出たよー」という声に「あー、よかったねー、いっぱい出たねー」「わー、今日はいいうんちやわ」という明るい声を返すようになった保育士が多くなりました。

保育士の間では、子どもの成長過程を認め合い、確認し合うようになりました。「○○ちゃん、今日、保育園で初めて出たよねー」「先生、○○くん、自分からうんこ出たって言うてきたよー」というふうに話をして、成長を確かめ合っています。「毎日排便する体作りが大切で、環境作りも大切」、今まではそれをご家庭に任せっきりにしていたと思います。

改修前のトイレ

以前は、汚く暗いトイレでした。今まではそれを特に問題とも感じずに保育をしてきました。危険な場所で、いつも注意ばかりしなければいけないと考えていました。いくつもの難関があり、日々、けんかをしないように、けがをしないように、そしてスムーズに保育ができますようにと、いつも2人の保育士がついていました。子ども

写真1-21 スリッパのはきかえ

写真1-22　和式トイレ

写真1-23　旧男子トイレ

写真1-24　足が届かない旧洋式

ちは保育士の指示に従って行動していました。

　そんなトイレでは，スリッパが第一関門でした（写真1-21）。スリッパにはきかえてトイレに入りますので，スリッパの着脱に時間がかかります。我慢しきれずにその場でもらしてしまうこともしばしばありました。なかなかうまく脱げなくて転んでしまう子もいました。トイレ内には一度に大勢は入れません。「汽車ぽっぽして待っていようね」と入り口の前で前の子の肩につかまっていました。長い汽車になって順番を待ちますから，入るまでに時間がかかります。

　和式のトイレは暗く（写真1-22），扉の閉まる個室で壁を向く設計になっていましたので，子どもは怖がってしまい，安心して用を足せないのです。さっと入って，さっと用を足して，さっと出てくる，落ち着けない空間でした。中に入るのも嫌がって入ろうとしない子，扉が閉まると泣いてしまう子どももいましたので，扉を開けておき，終わるまで待っている場合もありました。

　男の子便器は，大人用なので（写真1-23），子どもたちは頭の中まですっぽり入ってしまいます。女の子の洋式便器は，床から便座までの高さが高いので（写真1-24），保育士が毎回子どもを抱っこして座らせます。子どもの足が床につかず，身体を支えられないのでバランスを崩し，転んで縫うようなけがをすることもありました。また，正しく座るとペーパーホルダーが後ろの壁に付いていますので，自分で取ることができません。終わったら立って拭いていました。

改修後のトイレ

　トイレ会議では，便器や空間のサイズを測ってダンボールを並べ，実際にオムツを替えるとき，シャワーを使うときなど，どのようにしたら使いやすいのかみんなで話し合いました。このように，小さいところから大きいところまで保育士みんなのさまざまな意見が詰まっています。

　工事中は，一時的にほかの部屋で避難生活を送っていました。みんなの思いがどのような形に変化するのか期待して，毎日わくわく楽しく過ごすことができました。

　一時保育に来ている子どもは，普段は家庭で過ごしていますが，1日だけとか，週に1度だけとか，ひと月ずっとなど，さまざまな都合で保育園に来るのです。1日中，ほとんど泣いて過ごす子どももいます。だいたいの子はお昼ご飯を食べ終わったころから，少し落ち着いてくれるのですが，今まで泣いていたかと思ったら，泣き止んでトイレ内を探索し始めたり，にじり口（写真1-25）から出入りしてみたり，隙間から覗いてみたり，手洗い場の鏡に向かって微笑んだりして遊び始めます。トイレの内側から外の様子が見え，保育士も子どもが何をしているか，お互いの存在感が伝わり安心できる場になっています。

　トイレの中には，収納のできる柱（写真1-26）があります。子どもたちはこの柱と壁の隙間が大好きでまわりをグルグル回る姿もあり，本当に楽しいトイレです。

写真1-25　にじり口

写真1-26　収納の柱

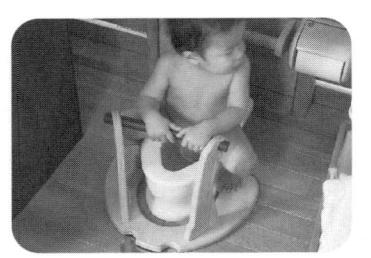
写真 1-27 移動式の手すり

写真 1-28 発達段階に合わせて座る。

　オマルから便器への移行過程のとき，オマルは前向きに座ります。便器にも同じように座らせたいということで，置き型の手すりを考えていただいたのです。この手すりは移動でき（写真1-27），どの便器にも使えます。使い方は便器の前に置き，便座に座ったら足で踏み，手すりに手を置くとバランスがとれ，しっかり安定します。保育士と向かい合わせになるのでオシッコが出たかどうか確認できます。

　女の子便器は発達過程に合わせて，前向きに座ったり，後ろ向きに座ったりして，どちら向きでも使えます（写真1-28）。保育士は何も言わないのですが，子どもたちはどちらが座りやすいかを考え，自発的にしやすいように使っているのです。まだ，パンツを全部脱がないと排泄のできない子は，壁に付いている手すりを持ち，またがって使いますし，便座の前でパンツを下ろしてできる子は，前向きに座ります。ペーパーホルダーは前向きでも後ろ向きでも取れるよう，1つの便座に対して2か所あります。

　男の子がお友だちと一緒にトイレに行き，用を足している様子を「出たなー」と覗き込んでいる姿。以前のトイレだと「順番に並ぼうねー」と後ろに並ぶよう，声をかけていたと思います。こういった光景も今は微笑ましく見守ることができるようになりました。

　トイレ改修をして今年が初めての夏です。以前は，2歳児クラスの夏ごろに便座の前でパンツを下ろす指導をしていました

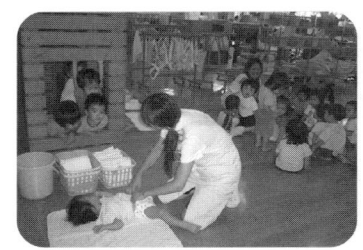
写真 1-29 オムツ交換

が，その時期が早まり，今では1歳児クラスの夏ごろにできるようになりました。

保育士はオムツ替えをしながら（写真1-29），トイレに行く子どもへの声がけもできます。オムツ替えが終わったら，その横で手遊びをしているところに行き，子どもはオムツ替えの最中も歌を聞きながら楽しく過ごせます。

写真1-30 明るく楽しいトイレ

手洗い場での様子ですが，1つの蛇口で3人が同時に洗います。お友だちが洗っている姿も見られますし，「石鹸ちょうだい」というやりとりもできます。また，びしょびしょの手をパッパッパッと振り払い，しぶきを落とすことなども真似をします。そういった，さまざまな刺激を与え合っています。

工事に伴い，1歳児，一時保育，2歳児のクラスの壁を取り払い，オープンルームにしましたので，どこからでもトイレに行きやすくなりました。また，ほかのクラスとの連携も大変とりやすくなりました。クラスの端のほうまで見渡せますので，向こうのクラスで何をしているのかわかりますし，他のクラスが大変なようでしたら，助っ人に入ることもでき，保育士のチームワークが良くなりました。

今では，子どもたちに注意ばかりしていた保育士の声がなくなって，トイレ内で膝をつき安心して子どもたちを見守る心の余裕が生まれたのです。

トイレの改修によってみんながとても優しくなったと思います。子どもたちも同じように，明るく楽しいトイレが大好きで，どの子もいい笑顔を見せてくれるようになりました（写真1-30）。収納も増えて，整理整頓されたトイレは，心にゆとりをもつことができます。新しいトイレ環境になり，みんなの気持ちもこれほど変わるのかと実感していることころです。美しくて，心が和む温かいトイレを誇りに思って，これからも大切に使っていきたいと思っています。

砂上　本田先生，ありがとうございました。では，馬場先生，村上先生，本田先生の話題提供を受けまして，汐見先生に指定討論をお願いしたいと思います。

4 指定討論

汐見　みなさん，こんにちは。おもしろいなあと思って聞いてました。全国から300名もの人が集まって，ただひとつトイレの話をしているのが，なんとも微笑ましくて。こういうのいいなと思いました。次回はたとえば，園庭，遊具だけで話したりとか，部屋の環境作りだけで話したりとか，1歳児の保育だけで話し合ったりとか，かみつきのことだけで話し合ったりとか，そういうふうにしていくとおもしろいのではないかなぁ，と思いながら聞いていました。

　おおわだ保育園が，こども環境学会のデザイン賞を受賞されました。僕はこども環境学会の審査委員なんですけれども，デザイン部門と，論文部門，それから活動部門という3部門があります。デザイン部門は僕の担当じゃなかったものですから，じつはここに立ってコメントする資格はなくて，おおわだ保育園が選ばれた間接的な情報しかありません。ですから，あまり正確なことは言えません。ただ，会の中で議論した際に評価を聞いたことがありますので，それを簡単に申し上げますと，デザインの本質に関わってくるのですが，デザインプロセスが特に評価されたようです。

　デザインて何かということなんですが，普通は「こんな園舎を作りました」「こんな園庭を作りました」と応募されて，出来たものをデザインという角度から評価してほしいと応募するわけです。ここはトイレを改修しましたというそれだけで応募されてきたということで，「すごく自信があるのか……変わった園なのかな」という議論もあったんですが，じつはデザインていうことの本質に関わって選ばれたんですね。仙田会長をはじめ，実際に見学にこられまして，いろいろ説明を受けました。デザインというのは，出来たものがいいデザインかどうかということを判断するだけではないんですね。デザインというのは動詞でもあって，少しずつデザインしてアートを創造していくっていう意味ですね。おおわだ保育園では，トイレという，ある意味ではみんながあまり語りたがらないといいますか，そういうところに注目してその改造をデザインしたわけです。トイレ会議っていうのを何回も開いているんですね。だいたいこういうものを設計するときには，普通は誰か上に立つ人が，「これをやるんだ」というかたちで進められます。それから，保育園なんかはたいていそうですけ

れども，そこで仕事をする人が要望を出して部屋を作っていくわけじゃないんですよね。雇われたら，この部屋で仕事してくださいってさせられるわけですね。ですから自分で環境を創造していくだとか，変えていくということは，実際はなかなかないわけです。ところが，ここはそれに挑んだわけです。このトイレ，何とかしたいけれども，どうしたらいいかということについて何か明確なアイディアがあるわけじゃない。でも今のままじゃトイレが大変な混雑になる。そこで，まずはどういうことに今不満があるのか，どういうことに困っているのかとか，こうしたらいいじゃないのかということを徹底的に出し合ったということですね。それを何回も何回も続けて，とうとう段ボールでモデルを作って，実際にシュミレーションを何回も繰り返して，それをまた検討して……ということでようやく出来上がったわけです。先ほど村上先生がおっしゃってましたけれども，みんなが使う施設，たとえば街の公園だとか，幼稚園，保育園の園庭だとかは，本当はそれを使う人と管理する人と作る人，この三者が徹底的に議論し合って合意することで作っていくことが一番望ましいわけです。だけど，わかっていてもそういうことを実際にやった例はほとんどないわけですね。それに挑んで，そして見事にみんなが納得するような，確かに子どもにとっても快適になったし，補助する人にとってもすごく補助しやすくなったし，そして見た目にも非常に素敵なデザインになっている。こういうことを成しとげたというこのデザインのプロセス，これに非常に大きな意味があるということが，最大の選考理由です。で，実際のデザインではトイレを少し隙間のあるように並べています。じつはトイレには僕も関心があって，いろんなところでトイレを見せてもらっているんです。僕は『エデュカーレ』という新しい教育雑誌を今，責任編集していまして，ちょっと前の号で群馬県のある園のトイレを特集したんです。そこはトイレが部屋の中に丸出しなんです。子どもたちにとって排泄行為が生活の一環なんだ，隠すことは何もない，ということで，部屋の中にポンポンと置いてあるんですね。そういうアイディアで作ってあるところを紹介しました。ただやっぱりちょっと恥ずかしいということも知ってほしい。堂々とお尻をパッと出してっていうことと，ちょっと違う場所なんだよっていうことを考えてほしいっていう葛藤があるわけです。多少は囲ってもいいんじゃないかっていうね。しかし，子どもたちの安全だとかを考える

ときにはこちらがある程度見えるっていうことも大事で,そういう意味では丸見えじゃないんだけれども見えるっていう,そういう部分を両方兼ね備えているというのが課題なんですね。それで考えついたのが,ちょっと隙間があって,それから立てば保育者が上から見えるっていうアイディアです。そういうアイディアを出しながら,しかも最後はお金がなくて,ペンキは全部自分たちで塗ったんですよ。たぶんキシラデコールか何かを塗ってあるんですが,そういうふうにお金をなるべくかけないで,色のデザインとかについてもすごく素敵なものになっているということが,もう1つの評価理由ですね。だいたいこの2つの理由で選ばれました。

　で,今日改めておうかがいしていて,すごくこれからの幼稚園,保育園運営にとっては教訓的だなと思って聞いていました。先ほどちょっと申し上げましたけれど,保育っていうのはうまく環境を作ると,子どもたちに「やめなさい」「何々しなさい」なんて言わなくてもどんどんやるんですね。むしろ,なるべく子どもたちに対して「ああしなさい,こうしなさい」って言わないで,子どもたち自身が自分で考えたりトラブルを解決していったりするほうが,子どもたちは育ちますよね。その意味で,保育者の声があまり聞こえないのがいい保育なんです。比較的静かで,しかも子どもたちがイキイキと活動している。そうなるためには,それを導く環境を作らなければいけないわけです。それは誰もがわかっていることですから,普通は部屋だったら部屋,園庭だったら園庭,そこに今年は何歳児を担当するからどういうものをどう置こうかと考えるわけです。でも,そういうふうに置いたからといって,本当に子どもたちがイキイキと自主的に動いて,しかも積極的な活動をしているというふうになるとはかぎりません。そこでどういう遊具をどう置くかなんていうことを絶えず考え直さなければいけなくなります。そのためには,保育しながら観察するとか反省するとかをあわせてやらなければならないわけです。4月に作った環境がそれでずっとうまくいくかというとそうじゃない。そうすると,保育というのは,今はこういう環境なんだけれども,ちょっと私たちの声が大きすぎるんじゃないのとか,年齢が違うのにいっせいにさせすぎるんじゃないのとか,いろんなことに疑問を感じたり考えたりしながらやらざるを得ないわけですよね。

　そこで,そういう反省をみんなでまとめてやるシステムのようなものを作っ

ておくと，うまくいくはずです。「こういう問題があるように思うんだけれども，みんなで一回改めて議論してみない？」っていうことが現場でできるシステムですね。そういうモデルを作らなきゃいけないわけです。その意味で，今回，村上先生というコーディネーターがいたっていうことはすごく大きかったですね。じつはそういう人がいないと議論しっ放しで終わるとか，やってても「新しいアイディアが出てこないね」ということで終わってしまうことが多いんですね。でもそこに別の視点をもっている人が加わるとか，議論をじょうずに整理してくれる人が加わるとかすると変わるわけです。今回はその意味でも１つのモデルになっていますよね。保育の専門家とトイレについての専門家と，みんなの意見をまとめる専門家がいたから議論が発展し，具体的なアイディアまでもっていくことができたんですけれども，それが大事な教訓になっているということですね。たとえば，今，朝ご飯を食べてこない人がすごく増えていますね。でも，朝ご飯食べてこない子の保護者に対して，「朝ご飯食べさせてこないなんて」って不満をいっても，ほとんど解決しないわけです。実際は事情が複雑で，自分も朝ご飯食べたことがないという人も多くなっていますし，単純ではないんですよね。そういうときは，朝ご飯を食べてこない子たちをどうしようかっていうことを取り上げて，みんながどう思っているか，お母さんのほうはどうなのか，子どもたちはどう思っているか，全部調べて，「じゃあこうしよう」っていうようなことを新しく提案していくようなことをやるのが一番いいと思うんです。こういうことがどの園でも始まるんじゃないかっていう期待があります。ちなみに言いますと，ドイツの保育園なんかでは，朝ご飯も保育園で食べるというところがたくさんあるそうです。アメリカでもそういうところが増えている。中国なんかでは，朝ご飯っていうのは小学生でも食べてこないで，学校の前にばーっと屋台が並んでいるそうですが，そこで食べるというんですね。保育園はもちろん朝ご飯付きです。だから，朝ご飯を家庭で作ってという文化は，共働きの時代になってもこだわっているっていう国はどっちかというと少ないんですよ。ですから，そういうことも柔軟に対処してると，親子で来て朝ご飯を保育園で食べてるって，そういうふうな風景になっていくのかもしれません。「そんなこと言っちゃいけない，日本の家庭はどうなるの」って文句言う人もいますけれども，たぶんそういうことが過渡期の社会

の検討課題になっていくんです。ともかく，そういうふうなことをして，少しずつ新しく作り上げていくときのコラボレートモデルっていうのを今回出してくれたんですね。これをもっともっと広げないかんなぁーという思いで聞いていました。

　トイレっていったい何なのかということをもう少し考えてみますと，何か汚いもので避けるっていうふうなイメージをもたれていますが，そうじゃないんだということを今一生懸命説明していただいたんですね。こんな例があるんですよ。どこの学校か忘れましたけれど，ものすごく荒れていた中学校で，校長がその荒れた現実に対して頭を悩ましていたときにあることを思いついたんですね。それは何かというと，荒れている学校っていうのはたいていトイレが破壊されてしまうんで，なかなかトイレに行けない。そこで校長は予算をつぎ込んで，ホテル並みのトイレを作ったんです。ピカピカの大理石。どうなったと思いますか？　学校の非行問題がずいぶん改善されちゃったのです。「あれーっ」て感じですね。なんでか。たぶんトイレという空間は学校でも職場でもそうですけど，絶対に必要なんだけど放っておくと汚くなってしまう場ですよね。でもそこに行くと，ほかの場とは違う自分が出せるんですよ。職場でもそうですよね，トイレに行くと本音がささやかれるとか。人間って学校でも職場でも対人関係や仕事で緊張してますわね。そういうものからしばし解放されて小さく自分に帰れるという場が必要なんですね。オフィスでもコピーをとるところを隠れたところに作ってほしいという要望が多いんです。みんなから見られてしまうところじゃなく。自分のありのままが出せる場。そういう場が絶対に必要なんです。トイレはまちがいなくそういう場です。人間が自分を取り戻す場というんですか，肩の力を抜いてリフレッシュする場というんですか。そういうところで自分とちょっと対話するときに，そこがすごく素敵だと，そこにいる自分もそれにふさわしく素敵な気分になるんですね。それはたぶん人間の文化の力というものを感じさせる場所なんです。なんの変哲もない野菜をとてもおいしいものに変えるという食事が典型的な文化なんですが，それと同じように，トイレももう１つの文化なんです。人間がもっている力を感じさせてくれる場なんです。そういうトイレにこだわったということの意味をもうちょっとみんなと議論するとおもしろいなあと今思っています。なんか刺激をいっぱい

5 質疑応答

砂上　ありがとうございました。今回おおわだ保育園のトイレがデザイン賞を受賞したのは，設計者，管理者，保育者が徹底的に話し合ったというプロセスそのものと，「子どもにとってのトイレ」という視点から保育士の意見が非常に反映されてとても使い勝手がよいものであったというこの2点が評価されたということでした。また，今日おおわだ保育園にいらして，今まであたりまえだと思っていた保育の環境について，「こんなこともできるんだ」「こんなふうに使うんだ」といったいろいろな発見があったのではないかなと思います。保育の環境作りは，あたりまえと思わずに絶えず考えていくことが大切なのではないでしょうか。

　また，汐見先生から，「トイレとは何か」ということに関してもう少し深めることができるんじゃないかというご提案をいただきました。トイレの改修も含めてぜひ聞いてみたいということがありましたらフロアの皆さまからご意見やご質問をあげていただければ議論が深まるかと思いますので，どうぞお願いいたします。

質問者①　私は今2人の男の子を育てております。1人は4歳で，1人は5か月です。うちの4歳の子はトイレが大好きで，「今日はこんなウンコだった」とか一生懸命報告してくれます。いい意味でトイレにも「ひとりで行きたい」と言うんです。ドアを自分で閉めてしまって，私を中に入れさせないんです。どうしてかなと思ったときに私が考えたのは，3歳，4歳児クラスになってくると，0歳，1歳，2歳とは違う意味で自立とかプライドとか成長というものが出てくる。そうなってくると見せたくないというんじゃなくて，「ぼくもパパと同じ小便器を使って立ち小便がしたいんだ」とか「自分でお尻を拭いてみせたいんだ」と非常にいい意味で私から離れていこうとしているんです。で，できたウンチを見て「どう？」というふうに答えを求めてきます。そういう子どもの成長を見ていて思うのですが，こちらの保育園ではほかのおトイレはまだ昔のままではないかと思いますので，これからの改修の予定はあるのか，3

歳以上のクラスのトイレをどういうふうに捉えていくのかということに私は大変興味があります。

　それともう1つ，先ほど本田先生のコメントの中で排泄教育を「家庭に任せっきり」だったというようなお言葉があったんですけれども，私も働く母として保育園に子どもを預ける立場から言わせていただきますと，本音を言いますと「保育園に任せっきり」なんです。働いているので，やっぱり子どもと接する時間はどうしても短くなってしまう。そういった中で，こういった保育園のトイレ改修，改善の中で今度はお母さんたちお父さんたちを巻き込んでいけば，家庭での排泄教育を変えていけるんじゃないかなと私は感じました。

　また，今日のおトイレを見て掃除道具入れがトイレのブースのすぐそばにあったことに関心をもちました。ここのトイレならば子どもたちも積極的に掃除ができるようになるんじゃないかと思いますし，きれいにしようという意識が高まっていくんじゃないかと思いました。私の感想と質問と意見を言ってしまったんですけれど，参考にしていただければと思います。今日はありがとうございました。

砂上　ありがとうございます。今のご質問は，今回は1，2歳児のトイレの改修ということで，年齢が上がるとトイレの使い方も発達によって変わるので，3歳以上のクラスでトイレの改修の予定があるかどうか，年齢が上がったときにトイレのあり方はどう変わるか，排泄教育，家庭との連携の可能性ということに関してでした。馬場先生，村上先生，本田先生にお答えいただければと思います。

馬場　まず3歳児以上のクラスのトイレの改修は，実際予定しております。おっしゃるように，まったく違う視点から考えていかないといけないと思います。子どもが感じる恥ずかしさの部分だとか，小学校との連携，社会との連携というのも考えていきながらトイレをデザインしていかないといけないと考えております。フロアの皆さんから「こうしたらいいんじゃないか」というアイディアをいただけたら本当にありがたいです。よろしくお願いいたします。

村上　今回は1，2歳児のトイレだということで，こういうオープンなトイレを考えたんですが，これが3，4，5歳児になっても同じというわけには当然いきませんので，やはり何らかのブースを作るとか，そういうことは当然し

ていくと思います。現在，こちらの保育園だと3歳児クラス，4歳児クラス，5歳児クラスの同じ形態のトイレが2階に3か所バラバラにあるので，たとえば，3歳児クラス用と4，5歳児クラス用のトイレに区分し直し，それぞれの発達段階にあったトイレの提案ができればいいかなと思います。

　こういうのはあくまでもそこの保育園の保育方針や保育士の考え方などでもずいぶんコンセプトが変わってくると思います。このおおわだ保育園では，いっせいに子どもさんをトイレに行かせるということが多いんですね。だから今回改修した1，2歳児クラスのトイレはあのようなデザインになっているんですけれども，保育園によっては1，2歳でも随時，「ひとりずつ行っておいで」「行きたいときに行っておいで」というところもあるので，そういったところはまた違ったデザインになってくると思います。今回の改修はおおわだ保育園のためのコンセプトであり，おおわだ保育園のためのデザインなので，年齢が変わったり場所が変わったり保育園が変わって保育方針が変われば，中身も変わってくると思います。

本田　私からは家庭と保育園の連携についてお話しします。これは職員からの声なんですが，改修したトイレに変わってから保育園で便をする子どもがたくさん増えたということです。「先生，ぎょうさん（たくさん），ウンチするんです」というふうな声を聞きます。人数が増えたということは，食事のあとに腸が動きますので安心してウンチをする子どもがたいへん増えたということで，「すごいね，やっぱり安心してできるトイレなんやねえ」と話をしています。

　そこでちょっと考えたときに，朝なるべく保護者には「朝起きて，ご飯食べて，排泄をすまして保育園に来てくださいね」というお願いを昔からしているんですけれども，やっぱりお話がありましたように家では忙しくて，2人，3人とお子さんがいらっしゃる家庭では，ゆっくりトイレに座らせる時間もないだろうし，食事を作っている時間もないだろうしということも問題になっております。そういった背景があるのか，保育園で安心してウンチをする子どもが増えてきているというのが現状で，そこから家庭にどうつなげていくか。食事の面も含めて，今から考えていく課題だと思っております。

砂上　ありがとうございました。馬場先生から今後ほかのクラスも改修予定

があるという重大発表がありましたので，楽しみにしたいと思います。ほかのご意見やご質問がありましたら，お願いいたします。

質問者②　なかなかこういった現場を実際見る機会はないので本当に今日はいい機会をいただいてすごく勉強になりました。保育士の先生におうかがいしたいんですが，まずトイレの掃除について，どういったタイミングで誰がやっているのかということについてうかがいたいと思います。次に，沐浴についてなんですが，これもどれぐらいの頻度で行なっているのかということと，沐浴でこういった器具があったらいいなとか，こういったものが近くにあったらいいなというのがありましたら教えていただきたいと思います。そして，お漏らしについての対応をどのようになさっているのかということ，この3つについてお聞かせ願えればと思います。

砂上　トイレの掃除，沐浴の頻度と，お漏らしへの対応につきまして，本田先生，お願いいたします。

本田　掃除に関しては，今まではタイルで汚れたらゴシゴシ洗うというふうに思っていたんですけれども，今回の改修でフローリングになりました。村上先生とも話を重ねていく過程で，フローリングにすると臭いの蓄積はないですかとお伺いしたんです。村上先生からは「毎日ふつうにきれいに掃除していれば，ゴシゴシする必要もなく，臭いの蓄積もありません」とお話をいただきました。実際にフローリングになりまして，今までのように水をジャンジャン流して掃除する必要もありませんし，中性洗剤で掃除ができます。洗剤に水を入れて薄めたものを作っておきまして，それで便器をごしごし洗います。便器の下のフローリングはぞうきんで拭き上げます。

　掃除の分担と掃除を行なう時間は，1歳児，2歳児，一時保育の3クラスがあの部屋にあります。鏡と手洗器を洗う担当と子どもの便器やフローリングを磨く担当と，そして大人用のトイレの担当に分け，月ごとに交代しています。いつも同じところを掃除すると，まわりがいろいろ「もっとこういうふうに掃除したらいいのに」という不満をもっていてもなかなか言えないということになりがちです。お互いに意見を言える環境を作らないといけないんですが，若い先生だと意見を言いにくいこともあると思うので，公平に3クラスで掃除をすることにしたのです。今はスムーズに動いています。

掃除の時間ですが，食後，排泄を済ませ，みんなが寝入る時間帯が少しずつ違うので，そのクラスの空いた時間，お昼ご飯の後に掃除をしています。

沐浴に関しては，0歳児の沐浴はその日の気温とか気温差とかもありますので，暑くてムシムシして汗ばんでいるとか，食事の際，汚れたときなど臨機応変にするようにしています。頻度は，今はだいぶ秋めいてきましたけれども，もっともっと夏場でしたら，プールが始まる前だとか，プールには入れないんだけどジメジメするので沐浴でさっぱりしたいというときには，日に1回するようにしています。時間帯は，食事の前にしてさっぱりして食べられるようにしたり，食事をして汚れてしまった子はその後にまたします。さっぱりとして気持ちよく生活ができるようにと考えていますので，1日に1回はしています。涼しくなっていますので今はあまりしませんけれども。

お漏らしに関しての対応ですが，雑巾で床を拭きまして，あとオスバン液の水溶液を噴霧してさらに拭きあげます[★3]。子どもへの対応は，オシッコのときもウンチのときもシャワーは使います。オムツでなくてパンツで過ごしているお友だちがお漏らしをした場合は，足までオシッコが伝ってしまうこともありますので，シャワーコーナーで温水を使って，おしりを流します。シャワーコーナーの横にお尻拭きのタオルがあったらいいなという要望があったので，すぐ横に置くようにしました。

砂上　ありがとうございました。まだまだいろいろとご意見やご質問があるかと思いますが，時間になりましたのでここでパネルディスカッションを閉じたいと思います。パネルディスカッションに関するさらなるご質問は，配布しました資料の中に質問シートが入っておりますので，これにご質問を書いていただければ，午後の全体討議のときに，今登壇している先生方にもお答えいただけるかと思います。

今回はおおわだ保育園の改修されたトイレをめぐって議論をいたしました。先ほど汐見先生からも「こういうふうにトイレだけについてシンポジウムを行なうのは大変おもしろい」と言っていただきました。今回のシンポジウムは，保育についての話し合いや情報発信の新しいスタイルになっていくのではないでしょうか。

また，汐見先生の指定討論の中で，よい環境を作れば保育者が子どもに「や

めなさい」「あれしちゃダメ」と自然に言わなくてすむようになるというご提言はとても重いと感じました。つまり，保育の中で子どもの行動を制止したり禁止したりすることがある場合，それはもっとよい保育の環境を考えるきっかけとして捉えるべきなのではないかというふうにも言えるのではないかと思います。午後のシンポジウムでも環境と保育のあり方についてより詳しく議論できればよいと考えております。

★1　村上八千世（文）瀬辺雅之（絵）　うんこのえほん「うんぴ・うんにょ・うんち・うんご」ほるぷ出版　2000年
★2　ダスマン体操　村上八千世（作詞），岡本拡子（作曲）の歌で，「一年生たのしいな」（学研2005年）に掲載された。
★3　日本製薬製オスバンS。日本薬局方塩化ベンザルコニウム液で，殺菌消毒剤（逆性石けん液）のこと。

第2部 講演

園環境を活かした保育

無藤　隆（白梅学園大学）

　白梅学園大学の無藤でございます。よろしくお願いいたします。午前中はトイレを中心とした話題でしたが、私は、トイレも含めて園環境をどう活かしながら保育をしたらよいのかという話をしたいと思います。

園の環境が大切

　私がこういう園環境の問題に興味をもつようになったのは、20年以上前からのことだと思うのですが、いくつか仕事をしてきて、園環境を活かすということについての基本的な原則というのが、自分なりに見えてきたように思います。園環境というときに、以前より、園の環境は大事だと言っているわけですが、実際にそれがうまくいっているかどうかというのは、大きく言って2つのことを考える必要があると思います。

　1つはハードの面と言いますか、物理的にどうあるかということです。それからもう1つは、それをどう使うかというソフトの面です。ハードのほうは、とにかく具合が悪いのでいきなり明日から変えますというわけにはいかない。金が何百万円だかかかるわけです。けれども、それぞれの面で全部変えられないのかといえば、変えられるときもあるのです。遊具を買うときもあるわけで

すし，時には園を改築するときなどもありうるわけです。そこまでいかなくても，カバー1つを作るか作らないかによって，園環境は変わってくるんです。ですから，そういう意味ではじつは園環境はけっこう変わりうるものだということがわかります。

　馬場先生のお話にもあったように，たとえばいろいろな道具をどう使うかということ1つをとっても，それなりにいろいろな工夫がありうるわけです。おおわだ保育園でも，モノの片づけ方だって，基本的には子どもにとって置き場所をわかりやすくして，かつ一目で見えるようにし，すぐに使えるようにするということをやっていると思います。そういうこともじつはどの園でもそれなりに工夫すればよいのです。それから保育室については，おおわだ保育園でも普段はもっといろいろなものが置いてあったり，貼ってあるものも今日は外してあったりするのかもしれませんが，いわゆる壁面構成については，もっと変更が可能なので，自由に考えることができる。そしてまた先ほど言ったように，いかに立派に設計されていたとしても，それをどう使うかということが重要で，子どもが自由に使えるところがあっても，それを使わせなければ意味がありません。

モノと出会う

　ということで，私の話に入ります。

　第1点は，子どもの活動は園にあるモノとの出会いから起こるということについてお話ししたいと思います。これを可能にするにはまずどういう状況を作ったらよいかということですが，「環境をとおしての保育」という基本的な理念であると思います。ただ，私の考え方や好みがありまして，多少強調点があります。それは何かというと，園の場合，モノとの出会いがあるということです。これは，意見が皆さん方と分かれるかもしれないと思いますが，私は子どもどうしの出会いの前に，子どもとモノとの出会いがあると考えています。1人の子どもの1つのモノとの出会いという関係の中に，ほかの子どもが巻き込まれていく。あるいは，遊びたい子どもとモノの出会いを，保育者が支えていくという考えです。したがって，子どもがモノにいかに出会えるようにするかということがポイントで，そこができれば保育の半分はできたようなものだと

思っています。

　では，どういうモノと出会うかということなのですが，いろんなものと出会うということなのです。乳幼児の保育というときに，世の中を構成しているもの，世界を構成しているもの，それが話は大げさですが，子どもが大きくなって小学校に行って出会うようなものの基本であって，だから，だいたいどこへ行ってもあるようなもの，そういうモノに出会うということが大事だと思っているんです。それは何かというと，たとえば人と出会うとか，土と出会うとか，水と出会うとか。絵本と出会うとか，トイレに出会うとか，あるいはある意味自分自身に出会うという面もある。特に自分の体に出会うというのもある。あるいは積み木だとか遊具だったり，モノを作り出す道具なりに出会う。そういうように考えていけると思います。そういったことを用意して，その出会いをしっかりしたものにしていったらと思います。そうすると，保育園や幼稚園の多くにおいて，そういうさまざまなモノの出会いが必ずしも保障されていないという問題がある。それから，ある種のモノと出会わせるというのはけっこうむずかしいということです。

　今の子どもたちの生活の中で，出会えたほうがよい事柄の多くが，子どもの生活から消えていくということをどうしたらいいかという問題があります。子どもが自分の便，排泄物にどう出会えるかと考えると，なかなかこれがむずかしい。私はトイレをきれいにし，水洗にし，特に和式より洋式にしたほうが清潔だし楽だと思います。でもオムツが紙オムツになり，トイレが水洗になりというところでの問題もあるわけです。それは何かというと，子どもたちが便に出会うことが消えるということです。紙オムツも洋式の水洗トイレも自分の便を見ることはしないわけです。下手したら，親も見ないのですが，子どもも見ないという話を先ほど村上さんがしていました。それがどういう意味をもつかは，なかなかわかりにくいのですが，かなり重要な問題であると思います。

　あるいは，もう少しわかりやすい例で言うと，死に出会うということをどうやって保障するか。こういう大都会の中で，死に出会える場というのはどこにあるのか。あるいは，雨に出会うというのはあたりまえのように雨が降っているから可能だと思うのですが，子どもにとっては雨にあたるというのは微妙です。保育園ならあると思うのですが，幼稚園などで通園バスを使っていて，そ

うすると雨の中を傘をさして歩くということがない場合がある。それから，雨のときは園庭に出ないので，だいたい部屋にいる。家に帰ってからも車で買い物に行ってスーパーの駐車場に乗りつける。

東京の私の知り合いで，大人の話ですけれど，通勤するのに傘を持っていかないでよい人たちがいるのです。どうしてかというと，マンションから地下に降りて，車で行って駅の駐車場に止める。そして郊外から電車に乗って，それから地下鉄で丸の内か何かに入ってそれから地下道を通ってビルに行くので，今日雨が降っているのか何だかわからないということが大人の生活でもあるのです。大人はどうでもよいのですが，子どもの場合にもそれに近いことがなくもないのです。それが生活環境の変化です。

それからまた，ちょっと違いますが，子どもが光に会うということもなかなかむずかしいのです。人工的な光というものには，子どものときに接しているのですが，陽の光というものにどうやって接するかというのは最近なかなかむずかしくなりました。最近の子どもは，日向ぼっこをしません。それから最近たぶん消えたであろう遊びは影踏み遊びです。夕日が落ちてきて影が長くなりますが，それを使って遊ぶ遊びです。

そういったいろんなモノとの出会いを乳幼児にどう保障していくかということがけっこうむずかしいんです。そしてまた，ただ出会うのではなくて，そのモノのある環境をどう作っていくかという，その関わり方にさまざまな役割がありますので，そこをどうしていくか。乳幼児の場合，関わりというのは基本的には自分の体を使ってそのモノと出会うということです。逆に言えば，それを使って遊ぶとか生活するということだと思いますので，それをどのように可能にしていくかということが大事なのです。今，研究者が指摘していると思いますが，子どもの生活の中で，かつては体の動きの多様性というものが十分に確保されていたのだろうと思います。しかし，現代の生活の中でいろいろな体の可能性というものが，相当に限られてきていると思います。そういったことも含めて，基本的には園の環境と，街の環境とを考えて保育すると可能になってくるのです。

入り込むこと

　そこで次に,「学びのモード論」という考え方から,具体的ないくつかの示唆をしたいと思います。学びの3つのモード論については,『知的好奇心を育てる保育』★1という本に書きました。

　3つのモードについて,子どもには,中に入り込む場合と,遠くから見ている場合と,見えないのだけれども見えるものを想像する場合があるのです。その3つが必要なのですが,とりわけ第1の「入り込む」ということが乳幼児期の活動の基本であると思います。それをどのように応用できるかというと,たとえば植物への関わりで考えると,花壇よりは雑木林のほうがいいだろうというようなことです。どうしてかというと,草むらには入れるけれども,花壇には普通入ってはいけない。だから,基本的には私は乳幼児というのは「入り込む」空間にいるべきで,子どもが入れない空間を,見ているだけでは意味が乏しいと思うのです。花壇のような植物が豊かであるところでも,「きれいだな」って子どもが思って注意を向けて花を取ったら怒られるわけでしょう。だからそういうふうに「子どもが触っちゃいけないよ」っていうようなものは止めたらどうですかということを言っているのです。

　そう考えてみますと,「入り込む」ということとともに,あちこち「動き回る」ということを可能にしたらどうか。園の中のどこでも行ってよいというように,園の中の子どもの軌跡の重なりというのを増やそうというわけです。正確に言えば,たとえば事務室だとかは余計に作らない。そして,出たり入ったりするところはなるべく複数にしたほうがよいのではないかと思います。そうすると何がよいかというと,いろいろな関わり方ができるのです。それはもちろん安全性との関係があるので,そのへんの制限もありながらではありますが。いろいろ現実的な制限があって,安全性を配慮しながらやらなくてはいけないのです。

　そうすると四方八方からモノに関わって多様な関わりをしたほうがよいとか,どのように関わったらよいかについて,どのように考えたらよいかというと,基本的に保育室にあるものはすべて子どもが触っていい,これだけでよいわけです。保育室の中は,できるかぎり保育者のものを置かない。ノートパソ

コンくらいは仕方がない。いろいろな園を見にいったりすると，保育室に先生の私物までたくさん置いてあったりしますけど。それは事務室に置いていただいて，保育室では触っていいよと言うしかない。それから，いつでも触っていいようにしよう。それからさらにどう触ってもいいようにしよう。基本的にはこういう考え方です。では，すべり台もどう登ってもいいようにしようというと，ちょっと危ないです。たとえば，階段から登るのではなくて滑るほうから登るとかすると，上から滑ってくるとぶつかって危険ですから，程度というものがあるのですが，基本的にはそう思います。

　そうやって見てみると，かなりの園では子どもの動きを制限していて，その制限に，安全が優先だからもっともなものもあるけれど，なんだかわからないけど制限していることも多いと思います。もったいないのではないかと思うわけです。ただし，多様な関わり方ができるようにしようということは，子どもを自由に遊ばせていけばそうなるということではないのです。ある程度関わり方というのをいろいろなかたちで教える必要があるわけです。バランスボールと呼ぶのでしょうか，大きいボールについてはどういう動きができますと先生がいろいろ教える。それがある程度必要なわけです。なぜかと言えば，その新しい関わり方を教わることによって，子ども自身の関わり方が広がることになって，ただ置いておけば自然に全部がいろいろな関わり方に移るとはかぎらない。かぎらないのだけれども，子どもが自由に試せる時間があったり，場所があったり，モノがあったりということが徹底的に重要ではないか，と思っています。

　ということで，園の中にいろいろなモノを置いて，いろいろな関わり合いができるようにしたらいいのにと思います。それで，さまざまな園にうかがい，配置などを見るのですが，なかなか活かせないですね。

空間の区切り方

　次に，園の中の空間の区切り方の問題について考えましょう。単なる空いただだっぴろい空間ではなく，いくつかに分かれて，そこで遊んでみたくなるような，子どもの発想の出てくるところは何かというと，その場所にいると，いろんなことを思いついてやりたくなるっていうことなんです。保育室はそうい

うふうに作るものでありまして，たとえば，紙と絵の具があれば絵が描きたくなります。ですから，そういう具合にさまざまな発想というものを刺激していく。あるいは，壁にじょうずな絵が掛かっていれば，ちょっと真似したくなるわけですし，いろいろやってみたくなるんです。そういうかたちでその子どもたちがやってみたくなるとか，新しいことを試してみたくなるように誘ってくれる場というものが欲しいというわけです。

　また，子どもに居場所があるというのが大事です。トイレもその1つだという話がありましたけれども，それ以外に子どもが隠れる場とか，すぐ上で何かいっしょにできる場であるとか，そういった空間の作り方です。1，2歳であれば段ボールを置いてそこに子どもが入り込むというくらいのことでも，そこに落ち着く空間が生まれるわけです。

　あるいは，その子どもの動きを広げていくというのは，子どもが実際にさまざまな活動をするわけですけれども，その世界で自分の動き方というもの，関わり方というものをできるかぎり広げるようにしていくにはどういう方法でやればいいのか，そこにはどういう場を設定したらいいのかというようなことです。

　小学校なんかでもそうなのですけれど，子どもの制作物はどこに置いたらいいのかというときに，ワークスペースといったものがあって，今日1時間かけてモノを作った，また明日その続きを作っていきたいというときに，そのモノはどこに置いたらいいかということです。多くの保育室というのは狭いのでじゃまなのです。そうすると，机がなかなか置けない。できれば余分な部屋があればそっちにおいて，保育室はいろいろな活動をしていくというようにしたほうがよいわけです。

　そのあたりの何を置いていくかとか，何を残していくかとか，何は片づけるか。片づける場合も馬場先生がやるようにして，子ども自身が片づけて，子どもがまた使うというかたちで片づける場合と，先生がしまい込んでしまう場合がある。そういうものを判断しながら，子どもたちが活動したり，落ち着いたり，新しい動きを作り出したりできるような設計を考えようというわけです。

　園の中にいろんなものを置きましょうという話をしているわけですが，今申し上げたのは，園の中をいくつかに区切って，その場の機能を考えようという

ことです。その上に立って、園の中を子どもが移動する場合の動き方、その動き方を多様にするとよいと思います。おおざっぱに言うと、平面上の横の動きと縦の動き、これの二次元を考えたらどうかということなのです。回遊を作るというのはこども環境学会の会長の仙田さんが前に言っていることですけれども、ぐるっと回るようにしようというのです。回遊というのは、そのことによって子どもの移動が複雑になるだけではなくて、園のすべてのものに関わる可能性というものを継ぎ足すということです。

写真2-1 ロッククライミング

　朝、1時間ぐらい自由に遊ぶとします。多くの子どもは自分のかばんを片づけたあとにふらふらと歩き出します。そのときにまわりを見ながら、何かないかなぁと探す。見ているわけですね。実際に遊ぶかどうかは別として、一通り見ておいて何かを始めるわけで、そこに勧誘性があります。それができていない、小さい子はその部屋にしかいられない、というふうにしておくとほかの年齢の子の遊びは見ませんので、そうすると、次の年齢になって発想が切れてしまいます。ですから、その混じり絡み合う可能性を検討する。もちろんこれは1、2歳と4、5歳では動く範囲が違いますから、それを考慮することになります。

　そういうふうにして基本的には全部見ることができて、かつ触りたければ触れるようにしたらいいと思います。縦の移動というときには、実際には垂直だと思います。斜めの動きもありますけれど。それが庭の山を登るとか、階段だとか、それからおおわだ保育園では1、2歳の部屋のところにある遊具のロッククライミングというのでしょうか、そういうのもありました（写真2-1）。この縦の移動というものをさまざまなかたちでやることは、1つは子どもの視線あるいは視野も違ってきますので、重要な意味があります。それから移動するということの運動のスキル、これが大事な意味があるのです。

身体の動きを育てる

　今は運動発達の詳細を話すことはできませんが，平らでかつ歩きやすい舗装されているといった空間だけを歩いていると，移動することにともなう体の使い方が十分に開発されません。われわれは，滑りやすいところを歩くときに足を踏ん張って歩くし，あるいは膝を曲げたりします。階段を登るのも大事，山を登るのも大事。おのおのに独自の動きがあります。それからトイレのときもそうでしたけれど，向こう側が見えます。これはけっこう重要な意味があって，移動しながら見えるとか，隠れながら見えるとか，上から見下ろすとか，見上げるとかができます。階段で下に降りて途中に踊り場がありましたね。普通子どもが降りていって，だーっと降りることもあるのですが，たいていはあの踊り場に来たときに途中で庭を見るはずです。庭で誰が遊んでいるかを見るんです。そういうことで，「ああ，遊びに行こう」とか「おもしろいな」とか思うわけです。そうやって視野が広がるようになってくるのです。

　このように，子どもが移動するというのは，単にA地点からB地点に移動するということではないのです。そうではなくて，移動ということ自体が1つの活動だし，移動ということが1つのさまざまな関わりを生む可能性をもつのです。ただ，そこにどういう可能性を作り出すかという，むずかしいけれども重要な意味があると思います。いかに庭や保育室のあり方を設計し，またモノを置いていくか。庭に山があるとずいぶんと動きが変わります。

　その際の身体的な動きの多様性が大事です。つまり人間の体というのは簡単に言えば，骨と筋肉でできているのですが，筋肉ももちろん鍛えなくてはいけないのですけれど，人間の運動発達というのは筋肉を鍛えるだけではなくて，あるいは骨自体を鍛えるだけではなくて，動きの範囲を広げる必要があるのです。これが，あまりやられていないのです。この園ではバランスボールとかいろいろなものを使うことによって，かなり動きの可能性を広げていると思うのですが，もっと広げる必要があるのです。

　最近私が気づいたことは，最近の子どもはペットボトルのふたをひねるというときの「ひねる」という動きをあまりやりません。これに似た動きが雑巾絞りですが，これは最近やらなくなりました。大学生でも雑巾が絞れないですか

ら。「絞る」ということがなくて，せいぜい家で使う雑巾は化学雑巾とかティッシュとかです。

　それから一戸建ての家ではそんなことはないのですが，都会のマンションのようなところに行きますと，金槌を使う習慣がありません。都会のマンションの部屋というのは金槌を使ってはいけないし，釘が打てません。せいぜい使うのはねじ釘くらいでしょうか。あるいは，ホックに掛けて，金槌などは使わないのです。そういったことはしかたのないことです。ですから，金槌が使えなくてもよいかもしれないのですが，金槌のようなものを使うことが減ることで，体の動きで何が減るのか。金槌を打つ動きというのは，包丁でトントンと切ることを考えたらわかりますが，肩から肘のところにかけて固定して，手首を振るようにして動かすのです。体のさまざまな部位にはいろいろな動き方があって，それを動かすのは，単にラジオ体操のような体操だけではだめです。そうではなくて，モノを使うのです。機械体操などはモノを使うのですけれども。つまり人間というのは，モノを操作するときに体が動く。ですから，さまざまなものごとの関係の中で，体を動かすという経験が必要なのです。そういうところまで多様にしていくということが重要です。

　たとえば，跳ねるといってもいろいろな跳ね方があります。両足で跳ねたり，片足で跳ねたり，その場で跳び跳ねたり，障害物を越えたり，いろいろあります。この間，障害物があって，ひょいひょいひょいと跳んでいくときの幼児の様子を見ていて，ああそうかと気づいたことがあります。同じ跳ねる行為でも，重心をあげる跳ね方と重心が比較的安定して足が動く跳ね方とがある。それは，意味が変わるのです。要するにどれが大事なのかということではなくて，どの動き方も子どもは経験していかなくてはならないということです。そのときに部分的には移動をしながら，さまざまな動きをするということが大事になります。

　したがって，園環境の中で子どもは昼間のうちはほとんどここにいるわけですから，その中でどれほど多様な動きができるかということを考えなくてはならないでしょう。狭い保育園だったら，外に出て行って園外で動きを工夫していく必要がある。散歩させているときにも，これまた安全などの配慮の兼ね合いがむずかしいのですが，基本的には移動するというかたちの中で工夫する必

要があります。

　ついでに言っておきますけれども，動きを多様にするということとともに，運動量そのものも必要で，最近の子どもは動きが単純になっているだけでなく，運動量自体が減っています。この園はこれだけ広い体育館があって，保育園でこれだけあるのはあまり見たことないですから，たぶん運動量も相当あると思います。日本の多くの幼稚園や保育園は，相当運動量が少ないのです。じつは，子どもの体力それから運動能力は相当低下しています。それから，特に家庭で歩く距離が減ったのではないでしょうか。最近の研究によりますと，家庭で育った3歳児の運動能力がかなり低下していると言われています。1歳児や2歳児の間に歩く距離が減ったのではないかということです。子どもを連れてお母さんが買い物に出ても，車を使って歩かないのですから，そういうこともあると思います。

　そういった基本的な環境との出会いの中で，子どもの発達を保障していこうということです。私が体の動きを強調したので，運動発達を重視しているかのように聞こえたらそれはちょっと誤解です。そうではなくて，運動発達も知的な発達も人間関係の発達も感情の発達も，要するに環境と出会う中で一緒に起こるのだということを言いたいわけです。ですから，幼児期における知的教育と運動の教育はおおざっぱにいうと同じようなことだという線でお話ししました。

日々の生活での出会い

　そのうえで，基本的には子どもの発達というのは，毎日同じようなことをすることが必要です。そういう生活が必要なのです。逆に言うと，2週間に1時間とか，まして月に1時間というのは，あまり効果がありません。ですから1週間に1時間，何とか教室でやったからいいですということではなくて，毎日毎日やる。1週間に1時間やるというのは意味をもつとしたら，それは寄り道であるとか，きっかけ作りとか，より高度な技に向けて教えてもらう場であり，そのうえでそれを普段子どもが実行するようにするのです。ですから，一斉保育で何かを指導してよいと思いますが，そこでやったことがそれ以外のいろいろな時間の中でどう活かされるかというところを見ていかないと，子どもの発

達することにつながらないと思います。そういった毎日の積み重ねというときに，その最も基本的なことは，先生が別にいちいち教えなくても，子どもは普段からずっといろいろなところで出会っているので，その日々の出会いというものが基本ではないかと思うのです。そういうところで子どもがいろんなかたちで感じていることから保育は出発します。

　たとえば，よりよい音楽をどう育てていくか。歌やリトミックや楽器を教えることは必要ですが，しかし，それが子どもの発達に本当に染み込むためには，環境での日々の出会いがあり，それが元になるのです。そこで子どもが出会いの中で何をしていて，どうなっているかっていうところにつながるのです。それは，音楽をテープで流そうといったことではありません。流してもよいのですが，必ずしもそういうことではない。どうしてかというと，たとえば歩くときの足音であったり，積み木を積み重ねたときの音だったり，いい音が出る積み木もあります。あるいは今日もやっていたように手を叩けば手拍子の音がでます。あらゆる音が出るということが子どもの音への感性を作る。

　それとともに，もう1つ大事なことが声です。声も音ですが，その声というものを環境として見たときには，どこから聞こえるかというと，これはおもには保育者の声なのです。保育者が子どもたちに指示をするときの声はどうなのかとか，保育者が一緒に歌うときに歌わなかったり，一緒に遊んでいる中で出す声はどうなのか。その響きというのはどれほどに子どもの心に入るような域なのかです。だからそのことまで考えたベースが，声や音との出会いを作って，そのうえに音楽という世界が開くわけです。

　最後に園環境ということで，馬場先生もおっしゃっていましたが，基本的に毎日，厳密には本当に毎日じゃないと思いますが，環境セットを見直していく。どこかにホコリをかぶっているものはないか。毎日とは言わないのですが，せめて1か月単位くらいで子どもが全然使っていないものはないのか，全然使っていないものはいらないものなのだからどこかへ片づけるとか。子どもが全然入っていかない通らない空間があれば，それは機能していない。そこに入れれば子どもは使うようになるのか。むずかしいのはやはり展示です。展示は見ているのか見ていないのかわかりませんので，なかなか設計しにくいのです。4月に飾ったものが1年中ずっと置いてあるのはどうなのでしょうか。飾ってあ

るなしに，飽きるだろうと思うのです。いかに美しい風景写真でも，たぶん子どもたちは見ていないですから。だから親が見て感動すれば，それはそれでいいかもしれないけれども，あんまりいい感じではないと思います。

　また子どもが成長し発達する中で，そういういっさいのことを子どもに任せていく。子どもがそのことによって，みずからの生活の場を作っていくということをどう保障していくか。片づけたり掃除をしたりするのを子どもがやるというのもそうだし，あるいは子どもが遊びたくなったら置いてあるところから子どもが持ってきて使うとか。積み木を使って組み立てていくとかそういうことです。

　それと同時に，環境は子どもたちが発達するためのヒントを与えています。保育者としてこういうことを伝えたい，やってほしい，そういうヒントを環境の中にふりまいていくということが必要だと思います。子どもがやりたくなるような設計を，どう工夫していくかということが重要になってきます。環境というものは保育の一部でもあって，保育者が子どもに何をやらせたいのか，また，伝えたいのかという中で，環境設計というものを考えていく必要があるのではないかと思います。

★1　無藤隆　知的好奇心を育てる保育──学びの三つのモード論　フレーベル館　2001年

第3部　シンポジウム

保育園は子どもの宇宙だ！

司　　会　　岡本　拡子
　　　　　　（高崎健康福祉大学短期大学部）
話題提供　　卜田真一郎（常磐会短期大学）
　　　　　　瀧川　光治（樟蔭東女子短期大学）
　　　　　　寺田　清美（東京成徳短期大学）
指定討論　　無藤　　隆（白梅学園大学）
　　　　　　汐見　稔幸（東京大学）

岡本　　第3部は，「保育園は子どもの宇宙だ！」というテーマで，シンポジウムを進めていきたいと思います。私は司会を務めます高崎健康福祉大学短期大学部の岡本拡子と申します。どうぞよろしくお願いいたします。

　本日，話題提供をしてくださる先生方をご紹介いたします。まずは常磐会短期大学の卜田真一郎先生です。先生には「ごっこをつなぐ，ごっこを深める」というタイトルで，ご自身が幼稚園の先生をされていたころの実践例についてお話しいただきます。続いて樟蔭東女子短期大学の瀧川光治先生です。先生には「遊びの楽しさは子どもの探究心を誘う―科学する心の宇宙―」ということで話題提供をいただきます。先生は科学遊びについて長く研究をされていまして，こちらも卜田先生と同じく幼稚園での実践例です。そして最後は，東京成徳短期大学の寺田清美先生です。先生には「科学する心の宇宙―乳幼児の心を育む絵本との関わり―」ということでお話しいただきます。先生は長い間実践もされてきましたし，本当に幅広く活躍されていらっしゃいます。

　3名の先生方の話題提供のあと，白梅学園大学の無藤隆先生と東京大学大学院の汐見稔幸先生にそれぞれ指定討論をしていただきます。それでは卜田先生からよろしくお願いします。

1 ごっこをつなぐ，ごっこを深める

卜田 常磐会短期大学の卜田です。よろしくお願いいたします。私は，保育者養成校に勤務して現在5年目ですが，もともとは幼稚園でクラス担任をしておりました。ろくでもないことばかりする保育者でしたが，本日は，そのころの実践をお話させていただきます。本日のシンポジウムのテーマが「園環境と保育」ということなので，関連したお話ができるかと思います。

タイトルのとおり「ごっこ遊び」の話が中心になりますが，前半は，「"ごっこの町"づくり」の実践事例を，元「実践者」としての立場から報告をさせていただきます。後半は，指導計画作成と関連づけて，私が感じていること，考えていること，特に実践をした中で感じたことをまとめて話をさせていただこうと思います。よろしくお願いします。

「"ごっこの町"づくり」の実践は，以前私が勤務しておりましたT幼稚園で9月ごろに行なった実践です。

ごっこ遊びというのは，現場におられる先生方の中にも，同じように感じておられる方も多いのではないかと思うんですが，「育てなければ育たない遊び」ではないかと，私は思っています。

まず，「ごっこの町」の取り組みを行なう前の「子どもたちのごっこ遊びの状況はどうだったのか」ということからお話しいたします。

「ごっこの町」を行なう前の子どもたちの遊びの状況

私が勤務しておりました園では，登園してから1時間半ぐらいを「好きな遊びをする時間」としていました。その時間のごっこ遊びの様子を見ていると，遊びの中でやりとりが成立しないんですね。子どもたちは，レストランごっこを一生懸命しているんですけれども，みんなお店の人になっているわけです。一生懸命プリンを作っている，ずっとレストランの「仕込み」をしているんですが，誰もお客さんが来なくて，片づけの時間になってしまう，という，「倒産寸前のレストランごっこ」というのが続いていました。ごっこ遊びが「やりとりにならへんな」ということを，われわれ保育者は感じていました。

幼稚園の3歳児の入園当初のごっこ遊びというのは，プリンをじょうずにパコっと作って，「できた！」という，それが楽しい遊びなんですね。ところが，その年の7月ごろに5歳児の遊びを見ていても，基本的にはあまり変わりがないんですね。さすがに，プリンを作って「できたっ！」っていう喜びではありません。立派なプリンは作るんです。3段重ねとか，葉っぱを飾って花びらを飾っていろんな枝を挿して，すごく立派なプリンを作るんですけど，誰も買いに来ない。お店として，レストランとして，一生懸命食べ物を並べたりしているのですが，誰も来ない。結果的にやりとりにならない状態で，結局は，保育者がお客さんになっている。保育者がいないときはずっと仕込みをしている。これは，遊びのおもしろさが「操作のおもしろさ」にとどまっているのではないか，子どもたちがお客さんのおもしろさに気づいていないんじゃないかということだったわけです。なかなか遊びが盛り上がらない。子どもたちが「ごっこ遊びのおもしろさ」を十分感じられているのだろうかということが，保育の課題として認識されはじめました。

　同時に，決まりきった友だちとの遊びに終始していて，仲間関係の中での人との出会いや葛藤が出てきにくい状況がありました。非常に交流が少ない。園庭では3歳児から5歳児までが一緒に遊んでいるんですけれど，異年齢の関わりというのがあまり見られないのですね。クラスの仲間関係を見ても，固定された友だち関係での遊びに終始している面があって，遊びの中で孤立している子どもや遊び相手が見つからない子が，残念ながら7月時点でまだいるという状況でした。限定された狭い仲間関係で遊んでいるのではないかということが保育の課題として浮かび上がってきました。

　あと，こちらの保育園でもお持ちかもしれませんが，「ブーブー自動車」と俗に言われたりする，車の前に目と口がついていて，足でこいで走る自動車がありますね。あの自動車に乗って遊んでいる子どもたちが，特に年少児や年中の子どもたちの中に多かったのですが，子どもたちの様子を見ていると，ただ乗り回しているわけです。例年，だいたい7月ぐらいには，遊びの中に何らかテーマが出てきているんですね。「向こうが火事だ！」「カンカンカンカン」と言いながら一生懸命車をこいで消防自動車として火を消しにいくというように，「ごっこ」の要素が出てくる。「戦いごっこ」のイメージという場合もあり

ますよね。私もよく標的にされてました。「あっ！　危ない！　あそこに変なおじさんがいる！」って。子どもたちに本当に変なおじさんと思われてたらしいので，これ，全然，虚構の世界じゃないですが……。

　その年も何らかのテーマが出てくるのではないかと思っていたのですが，子どもたちの様子を見ていると，ただ単に車に乗っているのが楽しいという遊びのおもしろさに終始していて，遊びが行き詰まっている様子が感じられました。自動車に乗るっていうおもしろさ自体がどうもふくらんでいかないという保育の課題が見えてきたのです。

遊びの中でのEちゃんの姿

　このとき，私は5歳児の担任でした。担任していたクラスに，Eちゃんという女の子がいたのですが，担任として，私は，かのじょの姿が非常に気になっておりました。

　Eちゃんが，Eちゃん自身に対してもっている自己イメージは，「私は遊ぶ友だちがいない」というものだと，保育者は捉えていました。私がはっきりそのことを認識したエピソードがあります。

　ある保育者がEちゃんに「Eちゃんのおうちはどこ？」と尋ねたそうです。すると，「○○町に住んでる」という答え。それに対して保育者が「そうなんだ，先生のお友だちも○○町にいるよ」と言ったんですね。そしたら「ええーっ，先生，あんな遠くにお友だちいるの？　私なんかいつまでたってもお友だち1人もできないのに……」と答えたそうです。私自身，かのじょの仲間関係上の課題はわかっていたのですが，その話を聞いて，そのことをEちゃんが「自覚していた」ことに衝撃を受けたんです。

　かのじょを3歳と5歳で担任したのですが，なかなか友だち関係が広がらない。4歳の最後にやっと一緒に遊んで安心できる子ができたと思ったら，4月になったら引っ越してしまった。人との関係がうまくつながっていかない。かのじょ自身も「遊ぶ友だちがいない」と思っているという状況だったんですね。

　何でそうした姿になるのかというと，まわりの子もEちゃんに対して「Eちゃんと遊んでもおもしろくない」「自分たちの思ったとおりやってくれない」と，きわめて否定的な見方，きめつけた見方をしていたわけです。鬼ごっこの

中でのEちゃんの姿を見ていても，Eちゃんはあまり活動的な遊びには参加しないのですが，鬼ごっこで追っかけられたりすると，「きゃーっ！ なんで，そんなひどいことするの！ コラー！ 懲らしめてやるっ！」って水戸黄門みたいなこと言って，怒るんですね。つまり追っかけられるおもしろさを体感できていない。ところが，まわりの子は，鬼ごっこだから「追いかけてあたりまえ」と思っているわけです。ほかの遊びの中でも，生活の中でも似たような姿があり，そうしたことからEちゃんは，遊びの中で，だんだんと友だちと距離ができてきてしまい，遊び相手としてクラスの子どもたちから選択されなくなってきました。

　今の鬼ごっこの話にも表われていますが，私は，Eちゃんが「遊びのイメージ」や「遊びに対して感じているおもしろさ」が非常に弱いんじゃないかということが気にかかったんです。ごっこ遊びを見ていても，「何かを作る」というおもしろさだけにとどまっている面があって，遊びの環境作り，たとえば「お寿司屋さんごっこでお寿司を作る」ときに，保育者の働きかけがないとお寿司作りに必要な道具を揃えてくることがむずかしい，というような状況もあったわけです。そうした理由で，Eちゃんのことは非常に気になっていました。

　4月の時点からいろいろとアプローチをしていったのですが，最初に取り組んだのは，「Eちゃんと私とEちゃんがホッとできる友だち」の3人で，おうちごっこなどの遊びができるような状況を作り，その関係の中で，Eちゃんが遊べる場所・遊べる関係というのを作り出していこうというものでした。少人数の遊びの中で，友だちと遊ぶとか人と遊ぶということを保障していこうと考えたわけです。Eちゃんがホッとできる関係にありそうなTくんと，Eちゃんと私の間で，やりとりのある遊びを楽しむきっかけを作ることや，保育者と一緒に遊びに必要な道具の準備などの「遊びの環境作り」をしていくという指導や援助を1学期の間は繰り返しました。その中で，「Eちゃんも少人数でのやりとりというものが少しずつおもしろくなってきたかな」というころが9月だったのです。

9月のごっこ遊びのねらい・環境構成・指導と援助の方向性

　こうした経緯の中で，9月を迎えたわけですが，このとき，ごっこ遊びに関

して，何を「ねらい」としていくかを考えました。そのときに，「やりとりのあるごっこ遊びのおもしろさを体験して，いろんな工夫をしていけるようになってほしい」「友だちと協力したり意見を出し合えたり，葛藤を体験できるような遊びをしてほしい」，そうすることが「協同的な遊びへの道筋を拓く」のではないかと考えました。また，前述のように，Eちゃんはきめつけた見方をされている，否定的に見られているという課題がありましたので，「Eちゃんのいいところとか Eちゃんの遊びのおもしろさに，ほかの子どもたちが気づいていけるようにしていこう」ということを「ねらい」として設定しました。

こうしたねらいを達成するために，お客さんとお店の人という役割分担を可能にするきっかけが必要だと考えました。お店ごっこなどのごっこ遊びの中で，子どもたちが「お客さんをすることの楽しさ」に目覚めること，「やりとりをすることの楽しさに目覚めること」を，大事にしていこうと考えたわけです。

保育者の関わりとして，中心的に考えていたのは，ごっこ遊びと車の遊びがつながっていくような環境構成をしていくことと，保育者がやりとりのモデル

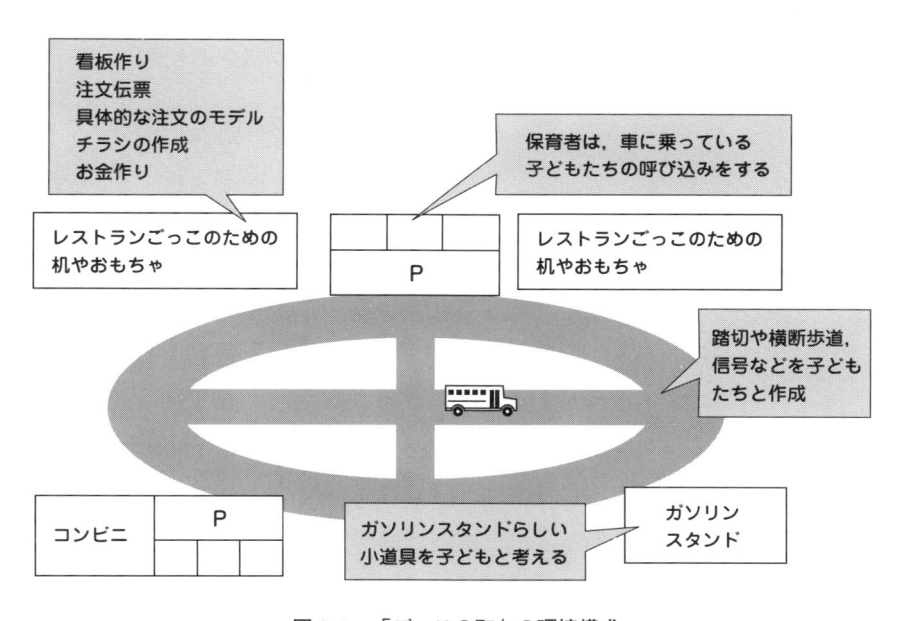

図3-1　「ごっこの町」の環境構成

になるということでした。もう一点，遊びの中で子どもたち（特にEちゃん）が，どんなおもしろさを感じているのか，どんなイメージをもっているのかをつかみ，そのおもしろさをふくらませていくことを重視しました。それぞれの子どものアイディアのおもしろさや行動のおもしろさを，まず，保育者が理解し，ほかの子どもに伝えていくことを重視したわけです。

こうしたことから，次のような環境構成をしてみました（図3-1）。

図のとおりなんですが，このとき行なった環境構成は，園庭に「自動車教習所のようなラインを引く」ということ，そして，「信号を作る」「踏切を作る」というものでした。もう一点，その「道路」のまわりに，ごっこ遊びができるような机やオモチャを意図的に置いてみるということでした。つまり，ごっこ遊びの場を，1つの「町」として設定してみたということです。

ごっこ遊びの姿はどう変わったのか

当然，車で走っていた子どもたちにとっては車の道路の上を走ったほうがおもしろいわけです。子どもたちがブーブー自動車で道路の上を走る，という遊びが始まりました。同時に，道路の周辺でお店ごっこを展開する子どもたちの姿が見られるようになりました。

この環境構成の中で，子どもたちの遊びをつなぐ意味で大きな役割を果たしたのは，「お店」の隣りに作られた「駐車場」だったと思っています。保育者が，駐車場の横で，「今日はハンバーグ定食が100円！」などと言いながら，車に乗っている子どもの呼び込みや客引きをするわけです。この中で，車に乗っている子どもたちが，呼び込みを聞いて駐車場に車を入れ，そこで「車庫入れごっこ」をすると，その横にレストランがある。そのまま，レストランのお客さんになるという流れで，レストランにお客さんがくるようになり，やりとりが少しずつ発生します。

お店ごっこのやりとりが出てくると，子どもたちが貯めていたイメージが広がりだすわけですね。「看板作ろうや」とか「注文伝票作ろうや」ということで遊びに広がりが出てきます。本日，こちらの園に来させていただいて100円ショップの道具を非常にじょうずにお使いだなと私は感心していたんですけど，われわれも非常にお世話になりました。注文をとるときに使う小さいバイ

ンダーとか，ああいうのがほしいと子どもに言われて保育者が準備したり，ものによっては一緒に作ったりと，遊びの環境が豊かになってきました。お金を作ったりするようにもなってきました。

　そのうちに，チラシを作りはじめる子もでてきました。これは，ケーキ屋さんをしていた子がいたのですが，その子のケーキ屋さんには，全然お客さんが来なかったんですね。お客さんが来ない理由はあったんです。園庭に引いてあった道路から離れたところにある滑り台の下に店を作っていたんですね。離れているから，お客さんが来ない。「なんですべり台の下なんだ？」と思ったら，その子の理屈は，「ケーキは暑いところに置いておくと腐る」ということでした。「ああ，理屈があるなあ」と感心したのですが。お客さんが残念ながら来ない。その子は，勝手に道路を拡張して，ケーキ屋さんに続くバイパスを作ったりしはじめるんですけれど，なかなかお客さんが来ない。そこで，悔しいからチラシを作り始めるんですね。で，撒きはじめる，という工夫が見られるようになるわけです。

　そのうちに，こんな店も作ろうというアイディアが子どもたちからも出てきました。最初に提案があったお店は，まさに今風なのですが，コンビニだったんですね。レストランの従業員の役をしている子が，コンビニに食材を買いにいくようになったりする。また，ガソリンスタンドができたりする。ガソリンスタンドらしい小道具を考える。子どもたちも，自分たちの経験をもとにイメージをもっているので，そのイメージから，ガソリンスタンドの後ろに洗車場ができる。毎日，車を磨いてくれるわけです。そういう実践が1か月くらい続きました。じつは，運動会の前だったのですが，その年は，運動会の数日前まで，連日，朝は「ごっこの町」で遊んでいる，という状態でした。

Eちゃんの「関係」と「活動の姿」の変化

　このような展開の中で，Eちゃんは，どうしていたのか。Eちゃんは，レストランごっこにこだわって続けていたのですが，レストランにお客さんがやってくる中で，レストランごっこらしいイメージをもった関わりができるようになってきたり，いろんな状況を作り出して遊ぶことが楽しくなったりという姿が出てきました。「Eちゃんの遊び」というのがだんだんできてくるわけです

ね。こうして，Eちゃんとほかの子が遊びの中で関わる場面が増えてくるわけです。

　こうした9月の実践を経て，12月以降に，私が担任していたクラスの遊びで，「合体家ごっこ」という遊びが見られるようになりました。

　この遊びの中で，Eちゃんが，保育者と一緒に「Eちゃんハウス」と呼ばれる家を作るんです。私が担任しているクラスは，わざとほかのクラスと時間をずらして園庭に出るようにしていたので，園庭を占領して遊んでいることが多かったんですが，そのときによく取り組まれていたのはごっこ遊びでした。そのごっこ遊びは，バラバラのところで遊んでいるごっこ遊びが全部つながっているという「合体家ごっこ」というか，「ご近所ごっこ」のような遊びだったんですね。いろんなお家があるのですが，子どもたちは，それぞれの家から「朝になる」と「出勤」してくるんですね。砂場に道路工事の仕事に行ったり，化石掘りの仕事に行ったりと。中には「ぼくは21歳の大学生」といって，何でそんな年齢なのかわかりませんが，大学生なので「大学」に行く。「大学」は折りたたみの机があるところが大学なのですが，「大学生」から「大学に勉強に行くから大学の本を出して」と言われるわけです。そこで，私が，表紙に『幼児保育とカウンセリング』とか書いている，私が学生時代に使っていた教科書を本当に出したら，子どもはその本を一生懸命開いて，ひらがなを書き取りしたりしていました。そうして，仕事や大学に行った「子どもたち」が，帰っていく家の1軒が「Eちゃんハウス」なんです。かのじょはお母さんが専業主婦だったというのもあってか，ずっとEちゃんハウスにいて，みんなのお弁当を作ったり，みんなの出ていったあとで洗濯したりして，「みんな出ていってさびしいわ」と「さびしい主婦ごっこ」というのをしていました。

　その中でEちゃんのお家ごっこはおもしろいということで，かのじょに対するまわりの見方が変わっていった，友だちと一緒に遊ぶ場面が増えていきました。生活や遊びの中でのさまざまなトラブルはあっても，Eちゃんがクラスの仲間として位置付き，仲間と思いを出し合う関係になっていったと，私は感じていました。

実践の背後にあったもの

　この実践は，じつは，いくつかの遊びや仲間関係に関わる理論を意識しながら，それを援用して行なってきた面があります。

　まず，この実践の根幹には，「Ｅちゃん」を中心とした子どもの姿の理解（Ｅちゃんの遊びの姿の観察と分析）がありました。特に，Ｅちゃんの外側から見える活動と関係の姿を観察し，そこから推察されるＥちゃんの活動や関係に関わる内面を分析的に理解するというプロセスを踏んでいます。この観察と分析のポイントは，大阪教育大学の玉置哲淳教授が提唱されている「関係活動モデル」を援用しているのですが，「外側に見える行動」と「外側に見える関係」をもとに，「遊びや生活のおもしろさ・イメージ（内的操作）」「自分をどう評価しているか（自己のイメージ）」「友だちはＥちゃんをどう見ているか（他者のイメージ）」という枠組みで，Ｅちゃんの姿を理解しています。

　また，活動に関しては，「ごっこ遊び」の発展を，特に「おもしろさの発展」として捉えて，その道筋を（一応は）意識していました。つまり，「操作のおもしろさ」から，「役になるおもしろさ」「役割を意識したやりとりのおもしろさ」「ストーリーやドラマを意識して遊ぶおもしろさ」といった，ごっこ遊びのおもしろさの発展の道筋を意識して，Ｅちゃんの遊びの様子と照らし合わせ，指導や援助の方向性を明らかにしていこうとしていました。

　仲間関係に関しては，「きめつけの克服」という視点からの仲間関係の発展を意識して実践していました。これは，大阪の特に人権保育実践の仲間作りの中で重視されてきた段階論ですが，「①どの子も好きな遊びが見つかり，一緒に遊ぶと楽しい関係の友だちが１人はいる」「②友だちのいいところ・おもしろいところに気づく」「③遊びの中で対等な関係を作る」「④きめつけを克服した関係を作る」という段階を意識して，Ｅちゃんの仲間関係を捉え，保育者の関わりの内容を意識していました。遊びの発展についても，仲間関係の発展についても，私が理解していたＥちゃんの姿と，現実のＥちゃんの姿とが合致していたかどうかは怪しい面もありますが……。

　ただ，いずれにせよ，この「遊び」や「仲間関係」の発展の道筋から考えれば，こうした「ごっこの町」の環境構成を５月ごろに行なっていても，Ｅちゃ

んの遊びや関係の発展にはつながっていかなかったんじゃないかと思われるんですね。ですから，遊びの発展の道筋と仲間関係の発展の道筋を絡めながら計画していたことで，タイミングを見計らった環境構成ができていた可能性があります。いわゆる「適時性」というものです。

実践をとおして気づいたこと ―遊びと関係の発展の見通しについて―

この実践をとおして，実践者として気づいたことがいくつかありました。

実践者としての私が気づいたことの1つは，「遊びの発展」を見通すことの必要性です。これは，「遊びの"おもしろさ"の発展を見通すこと」とともに，「遊びを成立させるための多様な力（遊びに必要なものの準備，場所作りなど）の経験の蓄積を見通すこと」「遊びのイメージの広がりのために必要な経験の蓄積を見通すこと」の3点が重要なのではないかと気づきました。そして，こうした見通しがあるからこそ，見通しに即した環境構成や指導・援助が可能になるということに気づかされました。

このためには，指導計画を作成するときの柱として，「活動に即した幼児の内面（遊びの具体的なおもしろさ）の発展」を見通すということが必要なのではないかと考えています。

指導計画は，ともすれば「子どもに経験させること」のリスト，「子どもにさせることのリスト」になってしまう危険があり，特に，「活動配列論」と呼ばれるタイプの指導計画は，「遊びの名前」だけを長期の指導計画に書き込むことになってしまうと，「子どもにさせることのリスト」になってしまう危険を孕んでいるわけです。しかし同時に，子どもたちの遊びのおもしろさを豊かにしていくためには，長期の指導計画の中で，遊びの発展の道筋を見通しておくことも必要なわけです。こうした矛盾を克服するためにも，系統的に活動の発展を見通しているけれども，同時に，「活動配列論」の問題点を克服した指導計画が作り得るのかどうかを検討する必要があるのではないか，その意味で，「活動に即した幼児の内面（遊びの具体的なおもしろさ）の発展」を見通したカリキュラム構成論を考えていく必要があるのではないかと思っています。

同時に，遊びの発展の道筋だけではなく，仲間関係の発展の道筋を保育者自身がもっておくことと，その仲間関係の発展を具体的な遊びや活動の発展の道

筋の中で，具体的に想定しておくことの必要性に気づかされました。仲間関係の目標と活動の目標はしばしば切り離されて考えられがちですが，「活動のねらい」と「関係のねらい」を絡めて考えることによって，実践の方向性がかなり具体的なレベルで明らかになるということ，これも，大阪の人権保育実践の中で重視されてきた点ですが，そのことの意味を，私自身が実感することができました。

　こうした気づきから，現在，「活動の内的な発展と仲間関係を見通した指導計画作成の原理」について，より実践的に検討していくことが，私自身の研究課題の１つになっていますし，そうした立場から検討されたカリキュラム論や，保育実践から学んでいくことを大切にしていければと考えております。特に，こうした保育者の見通しが，どのように「子どもの"遊びの"宇宙を豊かにしていくこと」につながるのかについて，考えていければと思っています。

※本報告にあたり，今村学園高槻幼稚園のご協力を頂きました。ここに深謝致します。

岡本　　卜田先生，ありがとうございました。では続きまして瀧川先生，よろしくお願いいたします。

2　遊びの楽しさは子どもの探求心を誘う　−科学する心の宇宙−

瀧川　　こんにちは。瀧川と申します。東大阪にあります樟蔭東女子短期大学というところで保育士養成に携わって４年目になります。担当科目は保育内容総論とか環境とか実習指導です。が，じつは私自身，もともと大学時代は理学部物理学科の出身なのです。その後，理科教育学専攻の大学院生だったころ（1995年ごろ）に子どもの理科嫌いということが話題になっていまして，最初は小学校の理科教育で子どもの好奇心とか探究心とか科学的認識をどのように育めばよいのかということを考えていたのですが，10年ぐらい前からは，だんだん幼児期の子どもたちの好奇心・探究心ということに興味をもちはじめまして，保育の勉強をしてまいりました。本日は「遊びの楽しさは子どもの探究心を誘う」というテーマで，特に幼児期の科学する心についてお話しさせていただきます。

　まず「宇宙」という言葉についての説明です。「宇宙 = cosmos（コスモス）」

というのは，辞書的な意味としては，「あらゆる存在物を包容する無限の空間と時間の広がり」であり，「秩序ある統一体と考えられる世界」として哲学的な意味合いがあり，「chaos（混沌）に対して秩序整然たる体系としての宇宙」といったことが説明されています。このようにかたい説明が書いてあるのですが，私としては，もっと単純に，語感として「ワクワクするもの」「ふしぎで魅力的なもの」として捉えて話そうと思っています。

　まず辞書的な意味に当てはめて「保育園は子どもの宇宙」を捉え直してみますと，子どもたちが成長していくための「環境」とか「保育の展開の見通し」という言葉として集約されるかと思います。また先ほどの宇宙って「ワクワクするもの」「ふしぎで魅力的なもの」というように捉えますと，保育の場も同じように子どもにとっても，保育者にとっても「楽しい」と思える場，そういう場としての捉え方が大事なのではないかと思います。

（子ども自身の）科学する心の宇宙

　そこで，本日の私の話の主題になるわけですが，「子ども自身の」という言葉を付け足して，「科学する心の宇宙」ということをお話していきます。表3-1の右側1点目に書いてあることは，「子ども自身がもっている」，また，「保育の中で育ってくる」科学する心ということ。2点目は，「遊びの持続や展開は，その遊びの楽しさに左右される」ということ。そして3点目は，「その遊びが楽しいと，その中で好奇心・探究心の芽がむくむくと動き出す」というこ

表3-1　子どもの宇宙

保育園は子どもの宇宙	（子ども自身の）科学する心の宇宙
①子どもを包容する無限の空間と時間の広がり。 →保育園（保育室，園舎，園庭，地域……）という保育環境，1日の生活の積み重ねが子どもの成長のための時間につながる。	①（子ども自身の）科学する心 →子ども自身がもっている，保育の中で子どもの中に育ってくる科学する心。 →子どもたちのさまざまな遊びの中で，子どもの中から立ち現われてくる。
②保育園は子どもにとって，秩序ある統一体（整然たる体系）と考えられる世界。 →保育環境，保育の展開を長期的に見通すことが大事。	②遊びが持続する，深まりながら展開していくということは，子どもたちにとってその遊びが楽しいと感じられているということ。 ③遊びの楽しさは，より興味深く（遊びをおもしろく）という子どもの探究心を誘う。

と。こういうことをここではお話しさせていただきたいと思います。

　今日の発表では，2005年5月以来，園内研修でおうかがいさせていただいている大阪市内の常磐会短期大学附属常磐会幼稚園の事例を使わせていただきます。この幼稚園では「科学する心を育む」というテーマのもとに職員一丸となって2004年度より取り組んでおられ，ソニー教育財団の幼児教育支援プログラム「科学する心を育む」プロジェクトの2004年度努力園，2005年度優秀園に選ばれている園です[1]。平均して月に1～2回程度おうかがいさせていただいて，朝から保育を見せていただいたり，午後から先生方が集められた事例を出し合って検討したりということをさせていただいています。その中で，いろんな事例を先生方からお聞きしたり，私自身見たりしてきたんですけども，今回は5歳児の事例として「ビー玉転がしの遊びの展開」を中心にお話しさせていただきたいと思います。この事例の一部に関しては，学研の保育雑誌『ラポム』2005年11月号の付録に掲載されています。また，ソニー教育財団のホームページから2005年度優秀園の応募資料がダウンロードできて，そこには本事例以外の事例も出ていますので，ご参照ください。

「ビー玉転がし」（5歳児）の事例から

　「ビー玉転がし」のイメージがわかりやすいように，写真を最初に紹介いたします。写真のように，牛乳パックとペットボトルをつなげていき高低差のあるコースを作っています（写真3-1，3-2）。ビー玉が転がってきて落ちるところに赤とか青とか黄色のテープを貼ったビー玉を受けるところがありまして，赤に入ったら何点というようなかたちのゲームとかもできるようになっています（図3-3）。具体的に話を進めていきます。

　事例1は，子どもたちが「ビー玉転がし」の活動に何日もの間入り込み，仲間とともに試行錯誤しながらやっと作り上げたレールに，「どんな玉を転がそうか」という場面です。

■ **事例1** ■　5歳児クラスで5月以降，半分に切った牛乳パックや上下端をカットしたペットボトルをつなげて「ビー玉転がし」を作っていく活動が続いていました（遠足で行った遊戯施設キッズプラザにあった高低差のあるレール上をボールが転

写真 3-1　牛乳パックとペットボトルをつなぐ。

写真 3-2　高低差をつける。

写真 3-3　ゲームの得点を決めるビー玉の受け口。

る遊具で遊んだことで、そこにあった遊具を園でも作ろうというのがきっかけです)。その活動の初期のころに、レールが出来上がってくると、「ボールをどうしようか?」ということが話題に上がりました。

「紙を丸めたらいいねん」「キッズプラザと同じゴルフボールがいい」という子どもたちの対話がまとまり、まずは紙で作ったボールで試してみることになりました。期待して見ていた子どもたちですが、思うようには転がらず途中の段差で止まってしまいました。「あんまり転がれへんなぁ」「どうしてかなぁ」「もっとボール重いほうがいいんかなぁ」という子どもたち。

「やっぱりゴルフボールがいいわ」という子どもの声に、「硬いボールは小さい組さんが遊びに来たときあぶないかな〜」と保育者の言葉。そこで、子どもたちの「そっかぁ、けがしたら困るもんなぁ」「じゃ、ビー玉は?」「硬いで〜」「小さいから大丈夫ちゃう?」というやりとりがあってビー玉に決定。「どうかな?」「今度は止まらずに転がるかなぁ?」という思いを胸に、ビー玉を転がしてみると……。うまく段差も跳び越えてゴールに到達!「やったー!　成功!　やっぱりビー玉がいいなぁ」。

……そのあとはさらに重さや大きさの違うもので試してみて、自分たちのコースにはビー玉が適していることがわかりました。

ここでは最初に、「ボールをどうするか」という自分たちなりの解決しなければならない問題が発生しています。そして、最後の「やったー！」という言葉の中に、ビー玉という自分たちが発見したものというか、自分たちがこれがいいと思って試したものがうまくいったという喜びが表われているかと思います。

　次に、5歳児のビー玉転がしの続きの事例2です。

■ **事例2** ■　その後ビー玉転がしのコースは単純なものから複雑なものへと展開していきます。1つのコースから分かれ道を作ったり、隣のコースに転がるようラップの芯をつなげたりと、いろいろなアイディアを出し合いながらビー玉転がし作りが進んでいき、完成の兆しが見えてきました。

　ここで、子どもたちはうまく転がるかちょっと試してみたいと思いました。ところが、やってみるとビー玉が勢いよく転がりすぎて、コースからはずれて飛んでいってしまいます。コース作りの中で、高くしたり低くしたりして高低差をつけていたのですが、その途中でどうしてもコースアウトしてしまいます。

　「ゴールまで行けへんかったら、おみやげもらわれへんやん」「そんなん楽しくないなあ」「どうしたらビー玉飛んでいけへんかなあ」というように、何かいい方法はないかと考えはじめていきました。

　「レールの上に牛乳パックをかぶせたらいいんとちがう？」と牛乳パックの一片を飛んでいく部分にかぶせる方法を提案した子もいました。でも、それではビー玉が見えなくなってしまいます。

　そこでまた、なんかいい方法はないかなあと考えていると、隅でペットボトルを切っていたG児が、やりとりしている友だちに近づいてきました。「じゃあこれをかぶせてみたらどうかな？」とペットボトルを半分にしたものを差し出します。「透明なトンネルや！」「これやったら、ビー玉よく見えるなあ」と大喜びで牛乳パックの上にペットボトルを取り付けました。そして、いざビー玉を転がしてみると……。

　「やったー！　ペットボトルのトンネル通ってゴールに着いた」「Gちゃんすごいな、ありがとう」と喜びの声が聞かれ、G児もほかの子どもたちも満足そうに遊びを続けていきました。

　この事例2においては、コースからはずれてどこかへ飛んでいってしまう玉をどうするかという問題が発生しています。「牛乳パックがいいのではないか？」「でもそれでは見えなくなってしまう」というやりとりの中で、「それな

ら，ペットボトルがいいのではないか？」という別の子の提案がありました。自分たちなりの考えの出し合いを経て，問題解決が共同的にはかられていくあたりは，年長だからなのかなと思います。無藤先生の講演でも出てきましたように，「モノとほかの子どもとの関わりから活動が発展する」というのは，こういうことをいうのかなと思います。

「科学する心」＝「認知的側面と情動的側面の両側面」

そこでこの2つの事例をもとに「科学する心」ということについてお話ししたいと思います。「科学する心」といったときに，「認知的な側面」と「情動的な側面」の両側面から捉える必要があるんじゃないかなと思います。

事例1では，段差のあるコースを作って，どのボールがいいのかと試しながらどうしたらおもしろいかという問題解決を図っていっています。ビー玉で成功したときに，「やったー！　成功！」と自分たちの見通しがよかったことを喜び，おもしろさを追求しています。

事例2では，2つの問題解決が起こっています。1つは飛び出さないようにするにはどうすればいいのか。もう1つは隠れてしまう場所を見えるようにするにはどうすればいいのか。その2つの問題解決をしていく過程で，「やったー！　ペットボトルのトンネル通ってゴールに着いた。Gちゃんすごいな。ありがとう」という喜びの共有というのがはかられています。

そこで私自身，これまで考えてきたこととか，常磐会幼稚園の先生方と一緒に勉強する中で考えてきたこととか，またこれまで無藤先生，岡本先生や砂上先生と一緒に共同研究やシンポジウムをいくつか経験してきた中で考えてきたことを総合してみますと，「子ども自身の科学する心」というのはやはり，活動の展開の中で「認知的な側面」と「情動的な側面」，その両側面から捉えていく必要があるんじゃないかなというふうに思っています。無藤先生は，このことを一体性の原則として捉えています[2]。つまり，子ども自身の科学する心を理解するということは，活動の展開の中で，認知的側面（問題解決），情動的側面（おもしろさ，喜び，達成感）を一体として捉えることだと考えるとよいのではないかと思います。

「環境を構成・再構成する」＝「子どもの活動の様子から保育の展開を見通す」

〈物的環境・人的環境〉
　○コースを作る牛乳パック、ペットボトル
　○転がすもの（ボール）
　○切る、くっつけるもの
〈活動の流れ〉
　○コースを作る ──┐
　○転がして遊ぶ ──┤　・作りながら遊ぶ
　　　　　　　　　　・遊びながら作る

→　自分たちなりの問題発生　→　解決（単独・共同）
→　・目的意識をもって対象と関わることによる育ち
　　・問題解決による気づきをとおした育ち

ビー玉転がしの場に子どもたちが入り込み、関わりを深める

　それで、「宇宙」ということに話を結びつける方向でまとめに向かっていきます。ここで、遊びの中の環境構成ということについて考えてみたいと思います。子ども自身の科学する心を理解し、保育に活かすためには、「環境を構成する」そして「保育の展開を見通しながら、再構成していく」ということ、そして、子どもの活動の様子から保育の展開を見通すことが必要ではないか、そういうことがごくあたりまえだけれども、大事なことではないかと思います。

　1つは、物的環境の視点と、保育者や子どもたちという人的環境の視点ですね。今回の物的環境としては、コースを作る素材、つまり、転がすものを見つけ、牛乳パックやペットボトルを切ったり、くっつけるものがあるかと思います。もちろん、そういう場所（空間）を確保していくことも必要かと思います。

　2つ目は、活動の流れとして、「コースを作るというプロセス」と「転がして遊ぶというプロセス」があります。つまり、作ってから遊ぶというだけじゃなく、作りながら遊んだり、遊びながらまた新たに作りかえていったりというようなことがあるので、この2つの見通しが大事ですね。

　このような活動の中で、子どもたちは自分たちなりの問題が発生し、それを単独で、あるいは協同で解決をはかっていくことになります。

これは子どもの育ちという観点からは，目的意識をもって対象と関わることによる育ちも出てきていますし，その際の問題解決による気づきの育ち，つまり，「こうすればよかったんや」という気づきをとおした育ちも行なわれて，子どもたちの科学する心が育っていくということがあるかと思います。

問題解決の過程

```
         目的意識        問題解決のプロセス
          子ども    ────────────→     対象
                   ←─ ─ ─ ─ ─ ─ ─

・子ども自身の主体性（＝ここでは，やってみたい・確かめてみたいなどの意欲の側面）
・「こうしてみたらいいのはないか？」という目的意識・見通し・予想などの「知的な側面」
・さらには「どうなるのだろう？」というワクワク感，おもしろそうなど情動的側面
```

図3-2　子どもの問題解決のプロセス

　一般化すると図3-2のように，問題解決のプロセスというのは，「子どもが，対象に関わる際に，目的意識をもって関わることから始まる」のではないかと思います。その際，子どもの主体性としての意欲の側面，知的な側面，情動的な側面の3つ，これらは子どもの内面なので，保育者としては推測するしかないのですが，押さえておく必要があるかと思います。そして，対象に関わる中で，対象の変化・応答を子ども自身が感じとっていくというプロセスが，問題解決のプロセスではないかと思います。

「遊びの展開」と「遊びが復活して展開していくこと」

　遊びが一定の日数（数日〜数週間〜数か月）継続し展開していくということは，「その遊びがおもしろい，魅力的である」ということにほかならないだろうと思います。そして，これは子どもたちにとって「変化（進化・深化）していく楽しさがある」ということだと思います。すなわち，遊びが一定の日数の

間，継続し展開していくということは，何よりも，子どもたちにとって「その遊びがおもしろい，魅力的である」ということにほかならない，つまり，これは，その活動が変化（進化，深化）していく楽しさを孕んでいるのではないかと思います。これは，先の卜田先生のお話と一緒で，ごっこ遊びとしても展開していくという変化があるように，ビー玉転がしのように，その活動自体が変化して展開していく，その中で子ども自身の科学する心も変化していき，楽しみが広がるということだと思います。

先ほどの事例の後日談ですが，出来上がったコースは夏のバザーでのゲーム屋さん，水遊び（プール遊び）のコースへと展開し，夏休みもあり，活動が収束しました。そしてまた，秋口に，再び復活し，新たにコースを作って，今度は園外保育で拾ったドングリ転がしや，たくさんの同じ形のダンボール箱をつなげて，園舎の2階から1階につながるダイナミックなものに展開していきました。

次にこのように，以前の遊びが復活し，展開していくということについて考えてみたいと思います。前に経験した遊びが，復活して展開していくということは，その経験した遊びが楽しかったという印象が残っているからだと考えられます。そしてこの事例の場合は，新しい素材のどんぐりや，たくさんの同じ形のダンボール箱などによって，以前の遊びのイメージ・経験が引き出され（誘発され），新たな遊びのイメージが生まれているのではないかと思われます。

子どもにとって（大人にとっても）「楽しい」保育を！

○ 楽しいからこそ夢中になれる
○ 「楽しさを感じる」「楽しいと思える」ということは，子どもが下図のような状態のとき。

| 楽しい | ＝ | 興味がある | ＋ | 達成感（自己充実感）がある |

○ 子どもたちが楽しさを追求していく中で，その活動が「学び」につながっている。

最後に,「子どもにとって(大人にとっても)楽しい保育を!」をお話してまとめに変えたいと思います。私自身はあまりおもしろみがなく人を楽しませる人間ではなくて無口なタイプの人間なのですが,常々,学生たちに伝えたいと思っていることとしては,保育実践においては「子どもにとっても大人にとっても楽しい保育を!」ということをキャッチフレーズにしたらどうだろうかと思っています。

　このことは「楽しいからこそ夢中になれる」ということに集約されるのかなと思います。楽しさを感じる,楽しいと思えることは,子どもがどういう状態をいうのかといいますと,「楽しい=興味がある+達成感・自己充実感がある」ということになるのかなあと思います。おそらくこれは,卜田先生の言葉でいうと「おもしろさ」ということにつながってくると思うのですが,やはりそのこと自体に興味があるということと,自分にとって遊びをすることで自己充実していく,そういうことがすごく大事なのではないかと思っています。そういうふうにして子どもたちが楽しさを追求していく中で,問題解決が図られ,その活動が子どもにとって「学び」につながっていると考えられます。そういう視点を考えていくと,本日お話したことは幼小連携とか幼保小連携という視点のひとつの糸口になっているのではないかと思います。

※本報告にあたり,いつも共同研究的なスタンスでさまざまな示唆をいただいている常磐会幼稚園のご協力をいただきました。ここに深謝致します。

岡本　　瀧川先生,ありがとうございました。引き続きまして,寺田先生,お願いいたします。

③ 科学する心の宇宙 －乳幼児の心を育む絵本との関わり－

寺田　　東京成徳短期大学の寺田でございます。まずはじめに,大好きな大阪の皆さんにお会いできることに感謝いたします。私は大阪の保育士の皆様のテンポのよさと明るさに惹かれて,2か月に1回くらいはお邪魔させていただいています。

　さて本日はお2人の先生のご提案を受けて,私は絵本のことについてお話させていただきます。

絵本は，子どもが出会う最初の本です。保育園における子どもと絵本の関わりから科学する心の宇宙を探りたいと思います。

最初に読み語りと読み聞かせの違いについてですが，1冊の絵本を読む間に，絵本を媒介に1場面を楽しみながら，保育者と子どもが語り合うこと，子どもが絵を見て，喃語を発声したり，保育者の言葉かけの語尾，最後の音節を模倣する，といった絵本導入の初期に起こる絵本読みの行動を「読み語り」と呼びました。

さらに，絵本読みの行動が身についた段階になると，1冊の絵本を見ている間に次の内容を期待し，1場面よりも1冊をトータルで考えられるようになってきたときの読み聞かせを「読み聞かせ」と呼ぶこととしました。

小さいときから本に親しんできた子とそうでない子どもとでは，落ち着きや見る力・聞く力が違うと一般的にいわれています。

それでは，乳児はどのように絵本と出会い，集中していくのでしょうか？

子どもたちは，友だちと一緒に絵本を読み聞かせてもらう経験を楽しんでいます。これは文字習得というよりも，絵本の言葉のおもしろさ，美しさに触れ，保育士や友だちと，その世界をイメージしたり，想像したり，その思いを共有することを楽しんでいることが，無藤先生との共同研究からも明らかになりました[★3]。

絵本を介して，保育者や友だちと見つめ合い・語り合い，言葉のやりとりも楽しんでいます。つまり，科学する心の宇宙を探ってみると，この子どもたちの「空想やふれあい」の場を保育者が環境構成し配慮していけるかどうかは，大きな差異につながると考えています。

キーワードは3つの間（仲間・時間・空間）と保育者の3つのカン（感性・観察・関わり）が重要かと思います。

まずは受容すること，1冊の絵本を手にして「読んで」と膝の上に乗ることの多い乳児期に，その絵本の読み語りをとおして，大好きな母親を想起して大好きな先生と楽しい語らいの場を要求しているかもしれないと感じます。そのような愛着関係を築くに相応しいひとときをどのように受け止めて，保育者との楽しい時間を共有するかが，絵本好きの子を育むことにつながるように感じます。

事例1：とも子（9か月・女児）への読み聞かせより

■『0歳からの本・たべもの』■

　保育者　ほら！（絵に視線を向け，注意を喚起する）
　とも子　（絵に触る）
　保育者　これは何？
　とも子　ナーナー（微笑む）
　保育者　そう，バナナよ［応答と命名］

　初期言語獲得期において，この例のようにフォーマット（型・形式の意味）が見られます。最初期の読み語りに典型的な会話が繰り広げられています。つまり，保育者は絵本を開き，「ほら！」と「注意を喚起する呼びかけ」に始まり，「質問→命名→応答」という単純な繰り返しの対話パターンを行なうことにより，会話が成立していきます。注意喚起—情報請求（質問）・情報提供（特にラベリング）フィードバックなどです。

　また，10か月未満の子どもに留意したいことは，目にするものすべてに興味をもち，手にする物は何でも口に運ぶため，子どもに安全で丈夫な作りのものがよく，一度読み聞かせたら常設せずに保育者主導で与えたい時期であることです。

事例2：場面展開の多い例　絵本『じどうしゃにのった』[★4]より

　1冊の本に対して，場面展開の多い例としてのエピソードを紹介します。読み語り場面をテープ起こししてみたところ，大変，場面展開の多いことが見られました。表3－2は『じどうしゃにのった』という絵本の読み語りのときのエピソードです。

　保育者が子どもたちと1冊の絵本を読み語る場面で，「保育者はどのようにはたらきかけ，同時に考察するのか」，また，このときに保育者が気にしていた発語の遅い「A男へのアプローチや行動」と周囲の「友だちの関わり」という3つの視点から解説をします。

　表からもわかるように，S（2.7）は絵本の絵から自分の大好きなミニカーのパトカーを，H（2.2）は先週日曜日に母とバスに乗って新宿に行ったことを，

表3-2 読み語りのときのエピソード

友だちの関わり	A男の言葉および行動	保育者のはたらきかけおよび考察
S（2.7）絵本の車の絵を見ながら「Sちゃん，それ知っている，パトカーもっているの」	押入れ棚木の中で，まごと用の蒲団の上に乗り，ほかの蒲団で1人遊びしている。Sを見る。	押入れ側に絵本を向け，押入れの中で遊ぶ子どもたちにも見えるように誘導的姿勢をとる。「これは何？」「そう，パトカーね。ミニカー持ってるのね」「トラックもいっぱいあるわね」
H（2.2）「電車に乗って，大型バスに乗ってHちゃん新宿へ行くの。降りてるから降りてかえるんです」	発言している。他児や保育者の顔をジーッと見ている。	Hは発語量が多く，活発な子である。「降りてるから降りてかえるんです」の言葉はあえて聞き流す。この場では，次の場面へ期待したほうがよいと思えたからである。
Hはごっこ遊びをしている。Sと保育者のやりとりを聞いて会話に参加し，絵本を見はじめる。「Hちゃん，持っているの。テラ先生ブーブーある」	A男が肋木の柵から外に出ようとする。保育者と視線が合うと再度Hの言葉を聞き，中に入っていく。	「そう，Hちゃんも持っているの」 ＊注　後日VTRを見て，「テラ先生ブーブーある」，この言葉にこたえていない自分に気づく。他児の様子が気になっていたと思われる。
AO（2.4）「Aちゃんのお家にもあるの」（祖父がトラックで迎えにきている）	発言している。他児や保育者の顔をジーッと見ている。	「AOちゃんのお家にあるの」「そうね，AOちゃんのお家にも軽トラックあるものね。おじいちゃんが乗っているのかな」。AOが祖父のことが大好きで，いつも思っているのであろうことに気づく。AOはとてもうれしそうに話していた。
N（2.4）「Nちゃん，おじいちゃんがいるの。おばあちゃんもいるんだよ」	発言している。他児や保育者の顔をジーッと見ている。	「そう，Nちゃんおじいちゃんいるの？」おじいちゃんの言葉にNが反応して発語を始める。その場にいる子誰もが興味をもち，絵本に入り込めるように気を配る。
「あのね，ハワイ行ったんだよ。」（Nは1か月半前にハワイへ行った）	発言している。他児や保育者の顔をジーッと見ている。	「あ，ハワイですか？」「じゃ飛行機に乗ってハワイにいきましょうか」 日常会話の少ないNがめずらしく活発に会話を始めたことに気づく。
S（2.7）「ドーナツ」（飛行機から機内食を連想したらしい）	A男は肋木の中に入ってジーッと様子を見ていたが，「アクチもー」と言ってにこにこする。	「そう，Sちゃんはドーナツが好きなの？」（Sは日常から甘い物が大好きなための発言である。A男も同様のため，保育者の言葉がA男の発語の誘導となったのではないか）「そう，A男君もドーナツ好きなの？」
絵本『みんなおしゃべり*5』その場にいなかったNOが絵本を持ってくる。		「飛行機に乗ってこの本を見ましょうか」1冊の絵本とごっこ遊びが合体し，次々に会話がうまれていった。絵本の中から自分たちが経験したことを思い出し，表現できるようになってきている。

注）S（2.7）とは，2歳7か月の意味。

AO（2.4）は「トラック」と言った保育者の言葉から，軽トラックで保育園に送迎してくれる大好きなおじいちゃんのことを，N（2.4）はAOの言った「おじいちゃん」の言葉から，数日前に自分が祖父とハワイに行ったことを，SはNが乗った飛行機の話から，自分がかつて食べた機内食を連想して，大好きなドーナツの話を，A男（2.2）はそのドーナツの話から，「アクチもー」（自分も，の意味を言葉に出しています）……と，1冊の絵本とごっこ遊びが合体し，次々に会話が生まれていきました。

　これは，言葉を発することの少ないA男がみずからうれしそうに発したエピソードです。「絵 → パトカー → バスに乗った → トラック → おじいちゃん → ハワイ → 機内食 → ドーナツ → 自分」と，それぞれの子どもが，絵本に描かれている内容と，子どもが過去に体験したことを関連付け，絵本の世界と現実の世界とを照らし合わせています。さらにその場にいる友だちと一緒に時間と空間を共有しながら，自分の思いを言葉に表わし，ともに楽しんでいる感覚を味わっています。

　そこで保育者は，5人それぞれの子どもたちの家庭状況や心理状態を子どもの発話から察知し，今その子が何に興味をもったり，何を気にしているのかを認知するのです。そのうえで，個々の思いを受け止めながら，5人がその話題の中でごっご遊びを楽しめるように瞬間の内に思考し，子どもどうしがつながれるように橋渡しの役目を果たしているのです。

　このように複数の友だちの発話に耳を傾ける場面は，家庭で見られることは少なく，保育園ならではの姿ではないでしょうか。また，絵本1ページ1ページを楽しむ状況は加齢とともに減少し絵本をトータルで楽しむようになると言われています[★6]。だからこそ，1ページごとに楽しめる2歳児期に保育者は，その場の子どもの思いを大切に受け入れ，さらに絵本の世界へ呼び戻すという行為を行なうことが必要なのではないかと思います。これは，言葉を発することの少ないA男がみずからうれしそうに初めて発したエピソードです。このように記録を省察してみることにより，クラス皆での共有化につながりチームティーチングしやすくなります。

読み語り前に環境設定は必要か？

　2歳児に読み語りを始める前に，子どもの所持品を保育者が預かる行為にとても効果のあること，保育者1人に対しての参加人数は数人までが集中しやすいこと，昼食後，午後のおやつ後は，ほかの時間に比べて集中度が高いこと，広い保育室に比べ狭い空間は集中することなどがあります。また，保育者が給食を配膳している姿が絵本の背景に見えると，それが気になり集中しなくなります。このように，読む広さや場所・位置など環境構成の差も影響することがうかがえます（写真3-4）。

写真3-4　おおわだ保育園絵本コーナー

絵本を読む前の保育者の行動・配慮点
○子どもの視界に絵本以外の物が入りにくい場所で読む。
○送迎時間帯は保護者が見えない側に席を設定する。
○トラブルを起こしやすい子どうしを隣席にしない。
○人数が6人以上の場合は段差席をつくる。
○子どもの所持品（ほかの絵本，ぬいぐるみ，ブロックなど）を預かっておく。
○手遊びなど注意喚起してから始める。
○2歳児にふさわしい（読み聞かせたい）本を本棚に用意する。
○空腹時，午睡前の時間帯は集中しにくいためより配慮する。

事例3：4歳児クラス1年間の絵本の読み聞かせによる変化

　4月当初と翌年3月の読み聞かせ場面の保育者の方略の差異は，注意喚起（35.5％→9.5％）・質問（24％→8％）が減少し，精緻化（5％→35％）応答（5％→31％）は増加します。

　乳幼児の非言語的伝達行動（注視・うなずき・表情・身振り等）を含めた，広義の行動について，保育者がどのように捉え反応するかは，その後，子どもが絵本好きになるかどうかに大きな影響を与えると考えられます。子どもの本

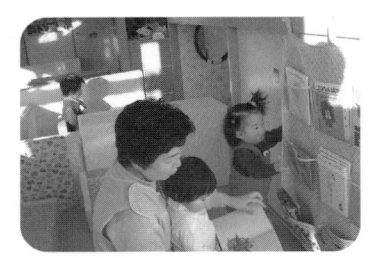

写真 3-5 手前絵本コーナー，ついたての向こう側はままごと遊びコーナー。

との出会いを質的に豊かにし，読む力を育てていくためには，読み語りの前，読み語りのあと，そして，そのあとにどのような環境を用意し，どのように関わるかが，とても大切であり，そしてその環境は，子どもの発達に応じて，保育者が子どもとともに創っていくのです（写真 3-5）。

3つの「間」

　子どもが同じ絵本を繰り返し「読んで！」と持ってくる意味は，大好きな母親への思いを保育者にも求め一緒に読む「間」を求めているように感じます。乳幼児は保育者の膝の上に座り，ぬくもりを感じながら，絵や言葉の響きを心地よいと感じ，時には子守り歌を聞くかのように，うっとりとし，あるときは，はらはら，どきどきしながら見ているようで，子どもの胸の鼓動が伝わってきます。そして，読み終えたときに「フー」とため息を吐くほど，絵本の世界に入り込んでいるのが伝わります。保育者は時には母親のように抱きしめ，膝の上から身体のぬくもりを伝え合いながら子どもの心理状態を把握し，読み語りをコミュニケーション形成の手段としても取り入れることが大切です。

　子どもたちは読み語りの間に，互いに話さなくても，「時間と空間と仲間」の「3つ間」を楽しい感覚の中で共有していきます。つまり，仲間とともに読む楽しさを，子どもたちは心地よい環境の中で感じ，自然に培っているのだと考えます。また絵本好きは想像力が豊かになり，科学する心の育成と大きな関わりのあることが考察されます。これらのことからも，絵本は乳幼児の心を育むためにはなくてはならないスパイスであり，その使用効果は，私たち大人が重要な鍵を握っているのではないでしょうか。

今後の保育園子育て支援への提案 ―地域との連携・異世代間交流など―

　絵本は，本来なら膝の上に子どもを抱いて1対1の関係でじっくり読み語りたいものですが，保育現場ではその機会は多くなく，たとえ1対1で読み始

ても，特に２歳児は周囲の子に興味関心を持ちはじめる時期でもあるため，途中参加する子が次々とやってきます。また，読み語りの最中に立ち歩いたり，隣りの子と会話を始めたり，けんかが始まることもある。そのため，「子どもの思いを言葉に置き換えて育むこと」が保育者の大切な使命であり，２歳児の非言語的伝達行動（注視・うなずき・表情・身振り等）を含めた広義の行動をどう捉えて反応するかは，その後，子どもの発語量や絵本好きになるかどうかに大きな影響を与えるといえます。

あかちゃんとのふれあい交流で中学生や高校生が乳児クラスで絵本を読み語りをして，和やかな交流が見られています。絵本は乳児と中学・高校生をつなぐ橋渡し的な役割になっています。しかし，この環境を整えるのも保育者の大切な役割ではないでしょうか（写真3-6）？

絵本を読んでもらい満足した乳児は大好きなクマのお人形の場に生徒を案内します。ここで新たなふれあいの場が展開します，ごっこ遊びにも発展します。このように子どもの未知なる可能性を引き出すのは，ほかならない保育者です。子どもの豊かな想像力を引き出す環境はまさに保育園の中にたくさん潜んでいます。だから保育園は宇宙なのです。

子どもの宇宙である保育園の役割と保育者の大切な姿勢や視点を絵本の読み聞かせの実践からお話してみました。

これからの保育園は，地域との連携が求められていますが，在宅家庭の乳幼児の親子や，中学・高校生とのふれあい交流（写真3-7）など，異世代交流を推進する地域の核となり，子育て支援を担う場になると感じています[★7]。

※ここで紹介した乳幼児とのふれあい交流については，TBSテレビ「イレブン５」（2005年7月1日）「筑紫哲也ニュース23」（2006年3月13日）でも取り上げられました。

写真3-6 高校生と乳児の絵本読み語りの様子

写真3-7 高校生と赤ちゃんとのふれあい授業が紹介された様子

4 指定討論

岡本 3名の話題提供の先生方，どうもありがとうございました。卜田先生は仲間関係の捉え直しのための関係作りについてのお話だったかと思います。瀧川先生は，今回の研究会のテーマである「宇宙」について，先生なりのお考えをお話しくださいました。ワクワクするもの，魅力的なものが，「科学する心」の芽生えであり，それがそのまま子どもの「宇宙」になっている，そういうことだったかと思います。寺田先生は長い間，絵本の研究をされてきて，今日は絵本の読み聞かせをとおしての子どもとの関わりについてお話しくださいました。その中で大切なものとして，「時間」「空間」「仲間」の3つの「間」について詳しくお話しいただけたかと思います。

では，このまま続けて指定討論のお2人の先生方にお話をいただきたいと思います。無藤先生，汐見先生，お願いいたします。

無藤 瀧川さんの話を聞いていて，先ほどお弁当を食べているときにそばにあったおもちゃの話を思い出しました。それは何かというと，ビー玉なのですが，これ自体は似たおもちゃがいろいろありますが，これはヨーロッパ製なのか（カラコロツリー，ボーネルンド社，写真3-8），値段が高いのだとは思います。値段はさておき，先ほど瀧川さんがビー玉遊びの話をしました。これもビー玉遊びみたいなものです。保育というのをもう少し広くいうと，これは園環境には違いないのだけれど，特定のおもちゃです。ですからある意味で子どもが自由に遊ぶものですが，同時に先生が導入するものです。一方で瀧川さんの出したビー玉遊びももちろん先生と一緒にやっているのですが，かなり長い時間使って子どもたちが作り出しているものです。牛乳パックとかそういうのをつなげていましたから，音はたぶんしないのでしょうけれども，とにかく転がしていくものです。保育者側が導入していくものと，それに対して子どもたちが，保育者が助ける

写真3-8 カラコロツリー

にしても，自分たちの力で作り出していく。かつ，園にあるいろんな素材を使いながら，園にある空間の中で作っていくものがあります。その2つがどうつながっていくかということを考える必要があるのではないかと思います。

これ（カラコロツリー）はおもちゃで，かつ使い方も決まっています。これを勝手にさわったり，ましてこれをはずしたりしたら，いかに寛容な馬場先生でも怒るだろうと思います。通常の使い方なら安全に遊べるように作られています。それに対して牛乳パックは別に壊したっていいわけです。いくらでも作れますから。かつこれはよくできていると思うのは，ビー玉を転がして遊ぶだけではなくて，転がすと音が変化してきています。色合いもわざとこういうグレードを順次変化させていると思います。ですから，科学的であると同時に芸術性もあると思うのです。かつ，ビー玉遊びというのを科学遊びというふうに考えれば，丸いものが転がるということと，重力に従って転がるわけだから，重力の性質という要素をもち，かつ，途中が切れたら落ちてしまいますから，樋みたいになって通路として転がっていく。そういういくつかの要素をもった科学遊びです。これは科学遊びといってもいいのだけれど，同時に楽器というのでもないけれど，でも，音のよさが合わさったものです。ですから，そういった保育者が導入する立派なものと，子どもたちが作り出す，雑だけれども子どもの力が発揮される，この両方の組み合わせというものが大事なのではないかと思っています。

たとえば歌でいえば，こういう既製の遊具は保育者が指導する歌です。ちゃんとピアノの伴奏をして。一方で子どもたちが遊びながら鼻歌を歌ったり言葉がリズムをもったり，「何とかしようね」という唱え言葉の類いのものだとか，わらべうた風のものとか，いろいろあります。遊びは生活の中に生まれて作るものです。それは保育園の生活の中でいえば，朝から夕方まで，いろんなところにばらまかれているのですが，その中で，おもちゃのようなこういうものをある時間帯に保育者が出していくのです。そういうものをつなげていったらどうなのかな，ということを思いました。

つまり，先ほどの私の話は比較的，園環境というものを広く捉えたうえで，子どもたちが朝園に行って帰るまでのいたるところの時間や空間を活用していこうと言いたいのです。同時に，やはり保育というのはこういうふうにかなり

集中的に子どもたちにいいもの，より高いものを出して，それをめざしてがんばらせるというところがあるのです。その間がどうつながるかというと，子どもたち自身がこういうことをヒントにしながら自分たちの力でどう作り出していくか，そこにあるのだろうと思います。

　そこから，では科学遊びとして捉えた場合に，どう発展していくかという，その筋道というようなものをいろいろ考えていったほうがいいと思うのです。そうすると，たとえば，転がるということで考えてみると，こういうビー玉を転がすとか，牛乳パックとかそういうのを使って転がす，一方で後ろにあるバランスボールのような大きなものが転がる。サッカーボールが転がる。野球のボールが転がる。それからサイバーホイール（ボーネルンド社，写真3-9）と称されているものだそうですが，タイヤの大きいやつ，あの中に入って転ばしているようですけれど，あれはまた全然違う。転がる，中に入る，原理は違うのだけれど，これはもちろん子ども自身がグルグル転がってもいいし，転がるということについてのいろんな転がり方があります。おそらく乳幼児の数年間において，いろいろな転がり方を子どもたちは経験したほうがいい。自分が転がるだけじゃなくて，ほかのものを転がすことも必要なのではないか。

写真3-9　サイバーホイール

　同時に重力ということでいうと，高いところから低いところへ落ちる。そういうところで現われてくるものは何かというと，たとえばビー玉を転がす，同時に牛乳パックをつないで水を流すとか，そういうこともできます。水遊びの延長で，ばーっと流れていくというのも1つの重力を使った遊びです。そういう重さとか重力によって起こる動きということでいえば，たとえば今日，シャボン玉をやっていましたが，2歳児か3歳児かがシャボン玉を飛ばしていました。シャボン玉というのはふわーっと浮かんで下にゆるゆると落ちて消えます。だからあれは風に乗るのだけれど同時に重さのはたらきでまたちょっと違う動きをするのです。

　ですからまったく違うことをあちこちでやっているようだけれど，ここに何

となくつながりがあるのです。それを今日やって，明日また別なことをやってつなげようと，そんなに急ぐ必要はないのだけれど，数年間で頭の中ではこっちでやっている話と，こっちの話がだんだんつながってくるっていうあたりが意味をもつと思います。

写真3-10　シャボン玉をする園児

そのときにつながってくるということで考えてみると，卜田さんがごっこ遊びのかたちで，どうも展開しないということで，レストランごっこと車ごっことをつなぐ工夫をしたというお話をされていましたが，それもこっちでやっている話とあっちでやっている話が別々になっているところをどうつなぐのかという話です。それはその園の環境ということでいうといくつかの場があって，たとえばコーナーがあるのです。それぞれでそこにあるものを使って遊ぶのだけれども，その間をどうつなげていくかとか，こっちで遊んでいるグループがあり，あっちで遊んでいるグループとか，仲良しグループがいくつかあったときに，それをどうつないでいくか。

あるいは異年齢の問題もあります。5歳の子と4歳，3歳，2歳児をどうつないでいくか。お茶の水の附属幼稚園を見ていると，5歳児のレストランごっこは3歳児をお客さんに呼んできます。「来い」といって誘って。そういって経験しているうちに，3歳児が4歳，5歳になると今度はまねして逆に自分たちが作ったものを，同じ年齢の子はみんな作るばっかりなのですが，お客さんとしては3歳児を連れてくるわけです。そのときには手をつないでいくということがあります。

そこに先生たちが見本を示すというかたちで，よりよいかたちを示しながら発展させていっています。ですから，環境構成ということでいうと，そういったいくつかのコーナーを作るとか場を作るということと，その間をどうつないでいくかということ。それから，こういうおもちゃでいえば，この場でやったことと明日やることをどうつないでいくかということです。そういったいくつかの流れをどう構成していくかということが，おもしろい問題ではないかと思

っています。

汐見　続いてぼくもちょっとしゃべります。午後のシンポジウムのテーマが「保育園は子どもの宇宙だ」ということで，ぼくはこのスローガンが「ああ，なるほどなあ」と思ってとても気に入っています。保育園というところは一言で定義すると何になるんだろうということをいつも考えるんです。保護者から見たら，保育園は私にとって実家のようなところとか，唯一本音を出せるところとかのイメージがあると思うんですね。ここへ来るととにかく何でも聞いてもらえるというようなね。でもそういう場所って普通の人はあまりもってないですよね，今は。だから保育園をそういう視角から深めていくことが大事だと思うんですが，逆に子どもにとって保育園とはどういう場所なんだろう，という問い方も大事なんですね。そうしないと保護者の立場がいつも優先されてしまう。それを考えたときに，「保育園って子どもの宇宙なんだよね」っていう言い方が何かとても素敵に思えたんですね。それで「じゃあ，子どもの宇宙っていったい何だろう」ということを，さっきの３つの報告を聞きながら考えたんですよね。それで，どういう言葉だったかは正確には覚えてないんですけれど，瀧川さんが宇宙って「ワクワクするもの」「ふしぎで魅力的なもの」そういうニュアンスで捉えていったらいいんじゃないかな，というようにおっしゃったんですね，要するに宇宙というのは一言でいえば，子どもにとって，とってもおもしろいワクワクするような場所のことだということですね，そういうことでいいじゃないかというふうにおっしゃったんだと思います。それを聞いて「ああ，なるほど」と思ったんですね。何とかの宇宙というと，何とかワールドというのともちょっとちがう，ちょっと神秘的なところがあって心がワクワクするっていうか，そういうニュアンスが伝わってきますよね。そういうふうにいちおう考えていいじゃないかとおっしゃったんですが，ぼくはそれをなるほどなあと思いながら，もう少し，せっかく宇宙という言葉を使うんだから，視点をつけ加えたらどうかなという気がして聞いていたんですね。

　皆さんご存じだと思うんですけど，宮崎駿監督が死ぬ前に最後に作りたいものは何かって，ある本で語っているんですが，ご存じですか？　それは保育園なんですね。彼は，以前話したときにおもしろいことを言ってくれたんですけども。たとえば皆さんが座っている椅子がありますね。皆さんはそれを椅子に

しか見ないと思うんですが，宮崎さんは椅子には見えないというんですね。じっと見てるだけで「後ろに絶対何かおばけがいる」とか…そんなふうに今でも感じるんだそうです。だからたとえば田舎の鉄道の線路のね，もう廃線になったようなところにトンネルがあって草が一面に生えている，そういう場面に出くわしてそのトンネルを覗いたようなときは，トンネルの向こうにお化けの世界があるんじゃないかって想像力がパーとはたらいて，もうどんどん展開していって１つの作品になっちゃうんだと。子どもってそういうものだろうと。何かを見たときにそこから世界，宇宙全部を想像してしまうっていうか。押入れの中に入ると──『おしいれの冒険』という作品が古田足日さんにありますが──押入れの中のようなちょっと恐い暗さが刺激して，もうあらゆる想像がはたらいてしまう。そういう特性が子どもにはありますよね。

　宮崎さんは『虫眼とアニ眼』という対談集を出してるんですが，対談の相手は養老孟司さんなんです。虫眼はわかりますか？　養老さんというのは昆虫採集の名人というか，ずーっとこだわっていて，それで虫の眼で虫眼なんですね。で，宮崎さんのほうはアニ眼なんですが，そういう対談本を出されています。その中で宮崎さんが最初の十数ページを使って，ぼくが作るとしたらこういう保育園を作りたいという設計図というか見取り図のようなものを詳しく描いているんです。カラーで，宮崎調の絵で，こういう保育園をぼくは作りたいんだということを描いているんです。まず，保育園は１つの町のいちばんいいところに作ること。子どもが生活する場所がその町でいちばんいいところでなくてどうするんだというわけです。部屋も描いてあります。詳しいことはよく覚えていませんが，宮崎さんが考える保育室は平らな空間がありません。その中に起伏があり，坂があったりですね，穴があったりなんです。なぜかというと自然の中に平らな空間なんてないからだそうです。で，ここは子どもたちが，自分が生まれた地球という星がどういうところかを自然と体験する，そういう場所になっているんです。そういうところから始まって，自然体験それから人間との出会い，社会との出会いというのが，すべて原点で体験できるような場所として保育園がイメージされている。僕はおもしろいなあと思って見ていたんです。ぼくはもともと学校教育のことをやっていたんですが，学校ってやってみたらがんじがらめにいろんな制約があって，発想が自由になりにくいんで

よね。教室の空間からしてそんなものでしかないと思っちゃうわけでしょ。人間が学ぶ場が画一的で殺風景な空間で，そこに何時間も同じ姿勢で座っているわけでしょう。そういうかたちでしか学べないのか。じつはぼくの友人のある教師が小学校1年生の子どもに「これからこの学校で1年間暮らすんだから，ここを自分にとって一番いい場所に改造しようよ」と呼びかけたんですね。「どうやってもいいぞ」って。そしたら，子どもたちどうやったかというと，まず教室の机とかを全部端っこに寄せちゃったんです。その上で，壁側に置いてあるロッカー，あれをばんと部屋の真ん中に置いて，後ろが見えないように教室を2つに分けちゃったんです。そして後ろ側の教師から見えないところに「先生，どこかに畳ない？」といって，どっかからもらってきた畳を敷いたんです。そこに今度はコタツをもらってきてコタツを置いた。そして教室の前方の空間のさらに半分のところに20人分の机を詰め込んで授業はそこでやるんです。でも，「先生，このプリント後ろでやっていい？」とか何とかいって，すぐ先生の見えないところへ行く。前方の残りの半分は自分たちの作品だとか教材を展示する場所です。そういうふうな場所として子どもは作るわけですね。しかも少子化で2クラスで3教室使えるんですね。もう1つの教室も改造していい？ということで，どんどんどんどん子どもはやりだします。子どもたちに自由にやっていいと安心感を与えると，どんどん創造していきます。そうすると，大人では思いつかなかった発想が次々と出てくるわけです。そういう自由さっていうのが，なかなかないわけなんです，今の学校にはね。

　ぼくは幼児教育のおもしろさっていうのは，厳密なモデルというものが必ずしもないということにあるように思うんです。幼稚園にしても保育園にしてもね。たとえば空間配置とか，カリキュラムだとかね，壁何色にするのか，天井の高さをどうするのかというレベルから全部自分たちで創れるじゃないですか。だからこちらのほうがむしろ学校に対して問題を提起していけるような場でありうるんですね。そういう場作りの1つの原理が，「保育園は子どもの宇宙だ」ということなんじゃないか。そうだとしたら，そこはぜひもっと深めたいなと思ったわけです。

　今言ったことを少し敷衍しますと，「宇宙だ」っていう意味は，ワクワクするおもしろさということとともに，子どもの発想の，想像力の自由さみたいな

もの，そういうものが存分に発揮できるという自由さ，それを許容してくれる環境，そういう側面が付け加わるんじゃないかと思うんです。そこに宮崎監督じゃないんですけども，自然もあれば社会もあり人間のさまざまな生き様があるというかね。だから森羅万象すべての，ものすごく原理的なものがそこに全部あるっていうようなそういうイメージでぼくは考えようかなと思って聞いていました。せっかく「宇宙」というキーワードを出してくれたんだから，ここで終わらせないでほしいというんですか。保育園は子どもの宇宙だ，そのことを具体的に，もっと生き生きとイメージできるようなそういう実践を出し合って，もうちょっとやっていかないとちょっともったいないと思ったのが1つです。

それから3人の報告とその前に無藤さんがお話しされた話というのが，すごく大事なとこでつながっているんだなあって感じました。キーワードは3人とも少し違うんですね。卜田さんはたぶん「ごっこ」とか「つなぐ」とか「関係」ということだと思いますね。瀧川さんは「科学する心」というか「科学」で，寺田さんは「絵本」がキーワードですね。寺田さんは別に絵本だけじゃないんですけども。いちおう切り口とか攻め方というのはみな違うんです。でもそれぞれ，子どもの心の宇宙というものをどんどん広げていくというようなかたちで展開されたわけです。そこで3人とも大事だとおっしゃってたのは，そのための大人側の工夫の必要性ということですよね。それを一言でいうと環境構成ということだと思うんですね。

ごっこ遊びをやったときに，全部が売り手で買い手がいないというのはね，やっぱり今の時代を反映していますよね。昔だったら八百屋さんに行って，「今日安いのない？」とか「これまけてよ」とか何とか言って買ってる親の姿が見えて，買うっていうのはおもしろいっていう印象があったんですよね。今はスーパーでも何でも黙って出すだけじゃないですか。だから買うっていうよりも売るほうがおもしろく見えるんでしょうね。ごっこ遊びをするとお父さんが全然出てこないとか，いろいろ現場にはあるんですよね。つまりそのときの時代を，ごっこ遊びは反映するということを感じて聞いたんですけどね。

だから売り手と買い手がいろいろとやりとりするからおもしろいということを感じとらせるには工夫するしかないわけですね。そのためにああいうものを

作るというのはね，これはもうまさしく環境構成そのものですね。その環境を作っていくという作業，作り続けるというか，工夫し続けるというとき，やっぱり子どもたちの現実から出発するしかないわけです。子どもたちの現実にこちらの希望を重ね合わせるというのかな，「こういうことを子どもたちがやったらおもしろがるだろうな」というものを直感のように発見をする，それを子どもと響き合いながらやるわけですよね。だからああいうものもどうして思いついたのかというようなところを深めていくと，環境構成の秘密のようなものがもう少し浮かび上がってくるんだと思うんですけども。幼児教育というのは，そういうことで，子どもたちが何かやりはじめたときに，手をこまねいて見ているんじゃなくて，環境を絶えず，何ていうかもっと子どもたちの心が躍動するように工夫し続けるというね，そういうことをどうやってやっていくのかということを最大の課題にしているんだと思うんですが，その1つの例みたいな気がするんですね。

　瀧川さんの場合もじつは同じことを考えておられるんですね。ぼくがすごくおもしろかったのは，科学するといってもあくまでも子どもを主体に考えていることですね。子どもを主体にということはものすごく大事だけど，実際はむずかしいんだと思います。たとえば科学といった場合に，工夫するだとかもっと科学的にやるだとかが必要なときに，やっぱり子どもだけではなかなか発想が出てこないということで，こちらから「もうちょっとこうやったらどう。ああやったらどう」と指示や示唆をしたくなりますよね。でもそうすれば，たいてい子どもが少しずつ興味を失っていくんですね。やはり子どもが自分で思いつくようにもっていくことが大事なんだと思うのですが，そのためには，子どもに発想のヒントとなるようなモデルをどこかで提供することが必要なんですね。そうだとすると，たとえば子どもたちを時に科学博物館に連れていってやるとか，おもしろい遊び場に連れていってやるというようなことも課題になってくるんだと思いますが，それも広い意味でじつは環境構成なんですね。つまり子どもたちの心の中に，ちょっとしたヒントとなるモデルを示してやる。そのためにはぼくらが演じることもありますし，語ることがあるかもしれませんが，実際に実物を見せるとやはり影響が大きいですよね。そういうことをじょうずにしていくっていうことも，じつはある種の環境構成です。環境構成と

いうのは子どもの現実から出発して，それにこちらの希望や期待を重ね合わせるところに具体的に出てくるのですけど，それをつなげているものは種々の活動モデルなんだと思うんです。そのモデルをどう示せるか，つまり「科学する心」をうながすために，どういう環境構成が必要なのかということについて，そういうことまで語られるっていうことはね，ずいぶんいろんな示唆に富む提案だったという気がするんですよね。

　寺田さんもそうなんですよね。こっち向いて抱いて読んでやるのか，あっち向かして読んでやるのかね，何時ごろ読んでやるのかね，それからどういう雰囲気で読んでやるのかというね，おそらく，「間」の問題もあるわけですよね。そういうことによって同じ読み聞かせといっても，子どもが体験することが微妙に違うんだということですよね。つまり読み聞かせというのはそういう環境構成の機微ということと密接不可分で，それによって効果が出たり出なかったりするんですよね。そういうことだった気がするんです。

　環境構成ということが人間にとってどれだけ大事か。最近の発達心理学は，人間の行動は頭の中にコンピュータができていてそれをうまく操作して行動してるんじゃないということを強調しているんです。それがわかってきたというんです。そうじゃなくて目の前にあるさまざまな環境資源をどれだけ有効に取り込んで意味づけして，そしてそれを手がかりにしながら自分の行動を展開しているんだという説明をするようになってきているんです。つまり，人間の行動において，環境の果たす役割というのが考えられていた以上に大きいということがわかってきたということなんです。この考えを活かしていくと結局私たちの仕事というのも，広い意味でモデルになるというものも含めて，環境をどう構成していくかというところに主力を注がないとだめだということですね。ところが，ここが日本の保育学のまだまだ限界だと思っているんですけどね。たとえば，1歳児にこういう活動をさせようとしたときには，こういう原理で空間を作っていかないといけないとか，こういう順序を無視してはいけないとか，そういう誰もが納得する原理があるかといったら，じつはあまりはっきりせんのです。0歳児の保育室を作るときに，これ以上空間を大きくしたらいけないとか，音はどの程度でなきゃいかんとか，きちんとした基準と理由があるかというとじつはないのです。スウェーデンなんかは保育所の基準に音環境の

基準があるのですが、日本にはそれがない。だから多くの0歳児室が騒音だらけになってしまっている。あっちからこっちから騒音。これはひょっとしたら子どもにとっては虐待ちがうかというくらいひどい騒音が聞こえるような保育所もあるわけですね。5歳児なら5歳児がダイナミックなごっこ遊びをするためにはどういう環境を構成しておくべきか、そのための構成の原理として何が必要か、そういうことが十分理論化されてないんです。ぼくは先ほど無藤さんの講演を聴きながら、そのことについて挑もうという気持ちというかニュアンスを感じとったわけですね。

　そういう意味ではぼくは今日3人の方が報告してくださったとてもおもしろい実践のその裏に隠れている環境構成の原理というのと、その前に無藤さんが十分に時間がなかったから十全に展開し切れてないと思うんですけれども、お話しされようとした環境構成にはそれなりの原理が必要なんだということと、もうちょっとがんばってつなげたらおもしろいかなというふうに思いました。

★1　以下のサイト参照。http://www.sony-ef.or.jp/preschool/
★2　無藤隆　「日本の幼児教育の転換において貫かれるべき諸原則をめぐって」
　　　広島大学幼年教育研究年報, 27, 53-60.　2005年
★3　寺田清美・無藤隆　「2歳児の絵本の読み聞かせ場面における保育者の思考と行動」
　　　発達心理学会11回論文集, p101.　2000年
★4　藤本堅二　じどうしゃにのった　福音館書店　1984年
★5　きむらゆういち（文と絵）　なかむらやすとし（画）　みんなおしゃべり
　　　河出書房新社　1983年
★6　寺田清美　子どもの本との出会い　ミネルヴァ書房　2004年
★7　寺田清美　鈴木良東　あかちゃんが教室に来たよ　岩波書店　2006年

第4部　全体討議

フロアからの質問にこたえて

岡本　ありがとうございました。すべての先生方が時間どおりにお話しいただきましてありがとうございます。今回，無藤先生，汐見先生，お2人の先生に来ていただけましたことも夢のようなことで心から感謝いたします。最初，ご講演を無藤先生にお願いしたいと思いまして，先生には絶対断られないようにと，「無藤先生のご都合のよい日に開催しますから，お願いします」と，先生が「ノー」と言えない状態でお願いしました。そして汐見先生にまでお願いするのはきっと無理だろうなと，お2人がそろうなんてあり得ないんじゃないかと思いつつ，無藤先生のほうからお願いしていただきました。汐見先生は日ごろ本当にお忙しくて，なかなか連絡もとれないとうかがっていたのですが，その日はすぐに連絡がついて，何とお願いしてからたったの3分で決まったという，ほんとうにあり得ない，何とラッキーなんだろうと思いました。

　先ほど汐見先生のお話をうかがいながら，私も子どものころに基地ごっこなんかをして，あちこち探索しながら自分の心地よい空間というのをどんどん作っていった，そういう子どものころのことを思い出したりしていました。

　第3部のシンポジウムでは，3人の先生方に話題提供をいただきました。寺田先生はすでに全国区で活躍されている先生ですが，瀧川先生も卜田先生もま

だ若手でいらっしゃいます。関西で活躍されていて，これからもっと活躍してほしい若手の研究者お2人に，このような全国から集まっていただける大きな研究会で話題提供をお願いし，そこにベテランの寺田先生にも加わっていただいたこの組み合わせは見事に成功したなと，私はすごく満足しています。先ほどのシンポジウムでの5人の先生方のお話を聞きながら，体が震えるような感動をおぼえています。私自身，発見や気づきがあったり，考えさせられることがあったりしました。

　さて，このあとは全体討議に移りたいと思います。フロアの方々のご意見を，できるだけ多くうかがいたいと思いまして，失礼かと思いますが，質問シートに書いていただきましたものをこちらで集約させていただきました。限られた時間の中ですので，同じような主旨の質問はまとめさせていただいて，各先生方にお答えいただきたいと思います。また時間の都合ですべての質問には答えられないかと思います。残った質問につきましては，この研究会の内容が著書として出版された際に，本の中でお答えしていくというかたちをとらせていただきます（エピローグ参照）ので，ご理解のほどお願いいたします。

1　第3部シンポジウムへの質問にこたえて

岡本　では，まず先ほどの続きとして，第3部のシンポジウムの内容についての質問から始めたいと思います。まずは瀧川先生に対する質問です。「"科学する心"を高めるために教師が大切にすることは何ですか」ということです。瀧川先生，よろしくお願いいたします。

瀧川　じつはこれは簡単そうですごくむずかしい質問で，私自身いつも悩んでおります。私自身が常磐会幼稚園で学んだこととしまして1つあげます。

　子どもたちの「科学する心」を見つけるために，3歳であれば「みてみて」という言葉をキャッチフレーズにして，3歳の子どもたちの様子を捉えていったらどうだろうか，4歳では「みつけた，はっけん」というように，子どもたちなりの発見というものを日々の保育の中で拾い上げていくとどうだろうか，5歳になると「ふしぎ，ふしぎ」ということで，理屈を追求していく，どうなっているんだろうということを追求していく姿を日々の保育の中で拾い上げて

いくとよいということです。そのような視点で常磐会幼稚園では「3歳ならでは」「4歳ならでは」「5歳ならでは」の子どもの「科学する心」を捉えるためのキャッチフレーズを職員間の共通認識としてもっています。そして事例を持ち寄って検討しあったり，会議でなくても職員室内で「これってどうかな？」という会話が出てくるそうです。「みてみて」「みつけたはっけん」「ふしぎふしぎ」ということで拾い上げた子どもたちの「科学する心」の具体的な事例や考え方については，ソニーの幼児教育支援プログラムのホームページからダウンロードできますのでそちらを参照していただければ，より詳しくわかるかと思います[★1]。

　そのような視点の次に大切なこととして，子どもなりの問題解決をうながすための環境構成と，そこでの保育者の援助・配慮として，その活動の中で子ども自身が問題解決していけるように関わっていくこと。そういった繰り返しの中で子どもの思考力，すなわち「科学する心」が育まれていくのではないでしょうか？　そのためにも，気づきからより深い発見をうながす（育む）ための環境構成を考えること，そしてその前提として気づくことの「きっかけ」をうながす（育む）ために，子どもたちがよく見て五感をゆさぶられてはたらかすことのできる環境構成を考えることが大切になってきます。何も自然素材や動植物に子どもたちが関わったり，科学遊びといわれるもので活動したりするだけではなく，じつは日々の保育の中にごろごろと子どもの「科学する心」というのは転がっているのではないかという発想を保育者がもつことが必要だと思います。

岡本　ありがとうございました。続いて「指定討論の先生方へ」ということですが，これはむずかしい質問ですね。「環境の定義について，単なる物理的環境ではなく，大人のはたらきかけをも含む環境と考えてよいのでしょうか」ということですが，無藤先生，汐見先生，お2人におうかがいしたいと思います。

無藤　そういうむずかしいことは聞かないでほしいということなのですが。もちろん物理的環境を含むのですけれど，子どもにとっての行為可能性をもつものなのです。ただ，子どもにとっての行為可能性というのは，そこに子どもが気づけば生まれるわけだし，大人から示唆され与えられてくるわけですから，

当然動いていくわけで，そこが大事かなというふうに思っていますので，考えてもよいかということでやれば考えてよいという，まあそういう言い方になると思います。

汐見　ちょっとこんなことを考えたことなくて，だんだんわからなくなってしまったという経験があるので，答えられないかもしれませんが。科学教示という場合に，形式的に○○的環境（物理的環境など）というのがありますが，保育では心理的環境というのもあると思います。たとえば保育者がどんな眼差しでその子を見てるかとか，親が子どもに対してどんな期待をかけて育てているかとか，そういうのは，態度だとか言葉だとか表情だとか，後ろ姿とかいろんなもので伝わっちゃうんですよね。そういうものが子どもの発達に与えている影響というのは意外に大きいんですよね。だから物理的環境だけじゃなくて心理的環境とか，それからテレビがかかっているとか，情報的な環境というのを考える必要が出てきているんじゃないか考えたりします。

　もう1つは，たとえば物理的環境でも子どもにとっては，すべてがまんべんなく見えてるんじゃなくて，「あっ，あれおもしろそう」というものがぱっと浮かび上がってくるわけですよね。だから「環境」とのっぺらぼうに言うんじゃなくて，子どもにとっては，特に二人称的な環境は重要だと思います。環境というのは相互作用する相手だと思うんですね。だけどすべての環境がそうではないんです。だから子どもに二人称的な環境が必要なんです。一人称的関係というのは自分自身ですね。そういうものをどういうふうに作っていくのかというのが，これからのテーマになるんだろうなというのというようなことをグヂグヂ考えたことがあるんですが。やっぱりようわからんなって，すみません。

❷　第2部講演への質問にこたえて

岡本　すみません，非常にむずかしい質問でした。それでは続きましてご講演の感想かと思うのですが，無藤先生のほうに寄せられていると思います。質問シートをお渡ししていますので，簡単にお答えいただけますでしょうか。

無藤　私のほうへは2点ありました。1つは，「自然の中で仲間と遊ぶ世界というものが今の時代に消えてきた。それに対して今，子どもの園の姿はどう

あればよいか」というご質問であります。私もその問題意識をもって多少講演でお話ししましたけれど，明確にこれだというのは言えません。要するに子どもが体で出会えるものをひととおり用意すべきではないか。それは何かといったときに，だいたいいつの時代にもありそうなことという視点からあげたわけです。そういうものがちゃんとあるというと，ちょっと先ほど汐見さんが宮崎駿さんの夢みたいなことをおっしゃっていましたけれど，ああいう線かなということです。だけど，それがあんまり牧歌的といいますか，現実的にはむずかしくて，今の社会の中で機能するっていうことは，別な言い方をすると，「トトロの森にコンピュータ」って感じなんです。その両面をうまく組み合わせるということが必要ではないかと思っています。

　もう1つのご質問は，「出会いということで考えたときに，家族との出会いみたいなものはどう考えたらよいか」ということ，環境設定はどうあるかという話ですけれど，家庭の中の問題については，今日は省いていますので，基本的には家族のだんらんというものが，労働の長時間化があって困難になる面もあるので，そこの問題が1つあると思うんです。もう1つ保育所としてあるいは幼稚園などでできるということでいうと，親が子どもを送ってくる，また迎えにくるなどのあたりとか，保育の参観とか，親の会とかそういうあたりの工夫は十分あり得ると思うんです。送り迎えのときに保育所の場合に，親が忙しいせいもあって，子どもをバンと置いて，ひったくるように連れていくみたいな感じもなくもないんですけど。やっぱりそのへんのもう少しゆったりとした保育所から家庭への移行の時間というものもどうしていくか。

　それから一部の保育所・幼稚園ではバスを使っているわけですけど，それは通園の範囲が広いからしようがないのでしょうけれども。その場合には家庭，バス，園という関係になるので，そこをどういうふうに作っていくかというあたりを，もう1つ真剣に考えなければならないと思います。そのことをとおして家族から離れて園に移り，また家族から離れている状態から家族に再び出会う状態が出てくるわけだけれど，その間の設計というのももう少し考える必要があるというふうには思っております。

汐見　今，無藤先生がおっしゃったことで思い出したんですが，幼稚園でも保育園でも送迎があります。家族と子どもとどう出会うかというときに，親が

夕方迎えにきますよね。ぼくはずいぶん以前にこんな話を聞きました。80年代のある時期ですが、「最近お母さんが迎えにきたときに、子どもと会ってパッとうれしそうな顔をしなくなったわね」っていうようなことです。以前はね、やっと子どもとの時間だというので、本当にニコニコと迎えにくる人が多かったんだけど、バブル期で疲れていたのかな。子どもと出会っても、「うーん、また子どもの時間か」という感じですね。そういうのは嫌だから、仕事の疲れを子どもに見せてほしくない、仕事の疲れをここで全部バーッと出してくださいということで、入り口のところにベンチを置いて、お母さんどうしがぺちゃくちゃしゃべったりできるようにしてありました。

　それからある園では、ここでコーヒー飲んで会社でのおもしろくない話を全部ぶちまけて、少しいい顔になってから迎えにきてくれとかね。園長が提案したら、みんなが「賛成やけど、誰がコーヒー入れるねん」ということになって、園長が入れさせられたりなんかしてましたね。そういう工夫をしなくちゃいけないのかということがあったんですね。やはりそういう配慮を丁寧にやるということがものすごく大事だと思うんだけど、同時に、送迎の時間は保育のはずれた時間じゃなくて、じつは大事な大事な保育の時間なんだということなんです。

　これはちょっと宣伝になって申し訳ないんですけど、『エデュカーレ』という雑誌で、そういう普段あんまり造作してられへん問題ばかり取り上げて特集しています。なぜかというと、編集したのはみな現場の保育者やからです。この間の号は「送迎も保育だ」という特集です。それまでは、幼稚園の通園バスの中では、ただ子どもを預かって連れていってるだけという意識が強かったんですけど、あるときものすごく自分（保育者）を拒否する男の子がいまして、でもその子はじつはものすごく自分を求めてたんやということがわかってね、それで、通園バスの中がじつは大事な大事な保育の時間やったということに改めて気がつかされたとか、そういう実践例がいろいろ出ています。

　もう１つ、「科学する心」を子どもに伝えていく、そういうことができるために教師の心構えというかな、保育士だとか教師の心構えという話がありましたが、なかなかむずかしいとおっしゃってたんですが、本当にそう思います。幼児教育というのは、小学校でいう学力のベースみたいなのをきっちりと育て

ていくという意味ももってるんですよね。だけどそういう自覚をあまりもって保育しているという感じがしなかったんですね。学校に行ったら基本的に学校なんで，幼稚園・保育園のときは基本的生活習慣とか情操とかいうようなかたちで，曖昧にしてしまっているけれども，実際には学校に行ったら知的な訓練が厳しく始まるわけでしょう。それに対してある程度準備してないかんということで，ぼくは現場の先生方と幼児期の知育とは何かということで，7，8年間，数十人でずっと勉強会をやっていたんです。ずっと実践例を出してもらったんやけども，なかなか「そこはチャンスやったやないか」というようなものを時に見逃していると，そういうのがすごく多かったんですよね。そのときに同じ問題を感じていました。

それでね，高知の先生なんですけど，おもしろいことを話してくれたんです。その先生の園には畑があるんですね。やっぱりここみたいにね。だけど，4歳の子と5歳の子に同じものを2年続けて作らせるんですね。2年続けて同じものを作らせないと子どもたちは成長しないんです。なぜかというと最初のときは種をまくんだとか，せっかくまいたけど間引かないかんとかね，それから草を抜かないかんとか，水をちゃんとやらなあかん言うんだけれども。ぱーっといっぱい芽が出てきたときに間引かなあかんということですね。「かわいそう」「もったいない」ってね，なかなか間引かないんですよ。そのときに，「そお？間引かないと大きくならないんだよ」って言っても納得しない。しない子は絶対間引かないですよね。それはほっとく。そして，実際できてみたらこんな人参やったとかね。「こっちは間引いたからこんなに大きな人参できたのに，えー僕のなんでや？」っていうね。やっぱり間引かないかんのやなって感じとってもらう。そして2年目に同じものを作らせると，草を抜かないかん，肥料やらないかん，毎日水やらないかんっていうことについてはものすごい自発的にやるんですね。それはもう本当に見違えるようにね。

ある年に，夏大根というのを育てたわけです。子どもたちは年長の子どもたち。毎日，水やらないかんのにそれを忘れたから，もうしなしなとなってたんですね。元気がなかった。それ先生が発見して，「ほらみんなちょっときてごらん」って言うてね。「ほら大根さん，元気ないわよ」って言ったら，みんなが「あ，忘れてた」っていうことで，さっそくバケツに水汲んできて，こうや

ってじゃーってやり始めたんです。それで，みんなでやってたときに，先生がちょっといたずらしたわけですね。「ねえねえ，みんな毎日こうやって水やってるけど，なんで大根さんに毎日水あげなきゃいけないの？」って聞いたわけです。そうすると子どもたちは「だって大根さんにあげなかったら喉乾くじゃん」ってね。「こうやってやらなかったら，さっきみたいに元気なくなっちゃう，みんな喉カラカラになっちゃったからだ」ってね。「ああ，そうか。大根さんにやっぱり水あげないと喉乾くのか。じゃあ聞くけど，こうやってみんながあげている水を大根さんはどうして飲んでいるの？」って聞いたんです。そうすると，みんなが「え？ あれ？」ってシーンとしてしまったんですね。「どうやって飲んでいるんだ，あれ？」ってね。それで，みんながワーワーワーワー議論始めたんですね。それで，あるやつの意見が「そんなんちがうよ」とかなんとかやってるわけだけども，ある幼児の意見が「そうかもしれん，そうかもしれん」ってかなり賛成者が多かったんです。それがだいたいまとまった意見なんですね。それは何かっていうと，「大根さんは土の中に目に見えないくらいの小さな唇をいっぱい持っていて上から落ちてきた水をチュッチュ吸うているんや」ていうね。絶対それに違いないっていうので，だいたいみんなが一致したわけです。そのとき，その先生は「そうか，大根さんは唇いっぱい持っててそれで吸ってるのか，そうかー」って言って終わったそうです。

　ぼくはそのときに「それ以上は何も言わなかったんですか？」って聞いたんですが，「そう，それ以上は何も言わなかったわ」って。「それはどうしてですか」って聞いたら，「子どもたちが一生懸命議論して，そうなった。それで唇持ってるん違うかっていうところまでいったんだけども，やったー，この説に違いないと思っているんやけども，ほんとかいなっていう気持ちをみんな持っている。でもね，絶対そうに違いないと思いながらも，ほんとかいなーっていう気持ちでちょっと宙ぶらりんになるっていうのも，これが知的好奇心違うの？　わかったけれども，もっとわからんようになったとかね。わかったけれども，本当のこともっともっと知りたいとかね。そういう状態を作るのが幼児教育の務めやと思う。小学校で習うことを先取りして教えることは何も必要ない。そんなことしたら，学校の勉強おもしろくもなんともなくなる。でもね，ちょっとこう考えてみたら，なんでやろなーっていうことがじつはいっぱいあ

る。いっぱいあって，そのことをちゃんと子どもたちに示してやらんと子どもたちもなんでやろなって思わんようになる。そこに私たちの仕事がある」。

ぼくはそれ聞いたときにね，先生自身がこうやって水飲んでいるときに，実際は毛細管現象で吸うてるわけですが，今の説はだいたいあたっているわけですね。でもそういうことに普段から先生自身がどうやって水飲んでいるんかなっていうふうなことを疑問に思ったり，不思議に思ったりするっていう感性がないと引っかかられへんていう気がする。

それからもう1つ，子どもたちにこんなこと言ったらおもしろいやろうなっていう，そういう遊び心そういうものが教師の中にないとあかんような気がするんですね。だから，科学読みものとか，そういうものを保育者はもっと貪欲に読む必要がある。だってそういうことしていかんと，なかなか「科学する心」を耕すような，そういう保育者にならないんと違うかなっていう気がしています。

岡本　ありがとうございました。無藤先生のお話は，頭にがんがんと刺激を与えられる感覚があるのですが，汐見先生のお話には心を揺さぶられる，そんな思いがいたします。お2人の先生からはたくさんの心温まるお話をいただけました。

それでは，続きまして1部の質問に移ります。司会を砂上さんのほうにお渡ししたいと思います。

3　第1部パネルディスカッションへの質問にこたえて

砂上　第1部のパネルディスカッションにつきまして，おおわだ保育園のトイレや環境について大変たくさんのご質問をいただきました。お時間の関係もありますので，いくつかにしぼらせていただきたいと思います。答えられなかった質問は，岡本先生もおっしゃっていたように本の中でお答えするかたちにしたいと思います（エピローグ参照）。

まず，1，2歳児のしろ組さんのトイレにつきまして，村上先生にご質問にお答えいただきたいと思います。1つは，「今回改修されたトイレの寸法，レイアウト，レイアウトは何をどのような考えのもとで決められたのか」という

こととです。もう1つは、「あの小便器は幼児向けではないけれど……」というご質問と、「大便器や手洗器は手動の洗浄方式だけれども、なぜ小便器のみが自動洗浄なのか」という、とてもトイレをよく見ていただいているご質問です。村上先生お願いいたします。

村上 まず、大便器や手洗器は手動の洗浄方式なのになぜ小便器は自動洗浄なのかということなんですが、私としては手動でもいいかなと、自分がオシッコしたあとは自分でボタンを押して流すのよっていうことを教える機会になっていいんじゃないかと思っていたんですが、改修する半年か1年ぐらい前に園のほうでセンサーを付け替えたばっかりだったんですね。センサーっていうのは非常に高価なので、それを捨ててしまうのはもったいないという事情もありまして、今回はそれを付けて、壊れてしまったときにまた手動にしたらいいじゃないかという方針で、あのようになっております。

小便器の選定理由ですが、現在売られている子ども用の小便器は開発されたのがもう何十年も前の古いタイプなんですね。一方、大人用の小便器はどんどん新しいものが開発されて掃除しやすかったり、洗浄方式がすごくよく考えられたりしています。だから古いタイプの子ども用の便器はやめて大人用のものから選ぶことにしました。そこで馬場先生に子どもの身長とオチンチンまでの高さの平均を出していただいて、それをもとに、大人用の便器の中で合うものを選んで、本当は壁に付けて使うタイプのものを床に置いて使っております。

トイレの寸法とかレイアウトをどういうふうに決めたかということなんですが、レイアウトはトイレの中からも保育室のほうからも見通しがきくようにとか、子どもが1人でもアプローチしやすいようにということを中心にコンセプトを考えているんですが、寸法は1歳2歳の身長とか体の大きさをもとに考えています。実際に身長の平均値は毎年変わると思いますけれども、それを目安にして全部考えています。特に手すりと便器の位置関係などは、1センチ2センチ違うだけで使いものにならなくなるので、職人さんが便器を取り付けるその場に張り付いて、「もうちょっと近くに」とか「遠くに」とかっていうふうに指示する感じで行ないました。あとは、汚物処理をするときの動線をなるべく短くできるように、オムツ交換スペースとユーティリティーを隣接させ、なおかつ子どものトイレとはある程度分けることで、子どもの邪魔にならないよ

うにしました。そういうことを考えた結果，現在のようなレイアウトになりました。

砂上 村上先生ありがとうございます。では今度は馬場先生，そして本田先生へのご質問になるかと思うんですが，1つは，「新生児期から幼児期のトイレはオムツではないかと思います。赤ちゃんの初めてのトイレ，オムツに対してはどのように思われますか」というご質問と，もう1つは，「0歳児の保育環境としてトイレは必要なのではないか。0歳児の月齢の高い子どもは後半排泄のリズムもついてきて，便座に座ることもできるようになってきていますが」というご質問です。これらに関しまして，本田先生，馬場先生のお考えをお聞きしたいと思います。

馬場 0歳児のオムツは基本的に布オムツがいいというふうに考えておりますが，布に固執しているわけじゃございません。遠足に行ったりするときは園から紙オムツを借りましてそれを持っていったりしますし，そのへんは臨機応変に考えるようにしております。次に0歳児のトイレの必要性についてですが，実際1歳児のトイレは使い勝手があまりにもよく，子供たちの利用状況を見ていると，オマルを使わないでいきなり乳児用の便器を使えるようになる子も多いので，次の計画やその次の次くらいの計画として0歳児保育室の中にもトイレを設置できたらなあと考えております。現在も0歳児用のトイレはあるのですが，保育室から少し離れていて，使いにくいので。

本田 オムツに関しては保育園で使うならば，大量に紙オムツを使ってしまうと，処分したときにダイオキシンなどの問題もありますので，園で使う場合には布のほうがいいかなと保護者の方に提案をしました。遠足へ行くときや，お迎えのときには紙オムツを使っています。

砂上 さらにもう1つご質問をいただいています。「家庭でも洋式便器が普及していますが，改修するとますます洋式化しそうな気がします。和式でしゃがんでする経験のない子が小学校にいくと困ると聞きます。いろんな便器での経験が必要な気がします」「おおわだ保育園のトイレは洋式が多く和式がありませんが，遠足に行ったときなど和式でできない子どもなどはいないんでしょうか」というご質問がありました。本田先生，馬場先生お願いいたします。

本田 遠足で，和式のお手洗いはどうしてもあります。そういったときには，

やっぱり子どもはびっくりして困っているのですが，その子に合わせて足を抱えてだっこすることもありますし，便器をまたげるようであれば手順を教えて，「またいでパンツを膝まで下ろしてみようね」とか「お尻はつけなくていいからね」とか声をかけて，一緒に落ち着いてできるようにそばにいます。和式の便器で用を足せないことはないですね。

　保育士が一緒に子どものそばにつきながらであればできています。

馬場　トイレの改修によって便器が洋式化してしまうという心配は，以前に村上さんと雑談の中で話していたんですけれども，5歳児のトイレはやはり和式を1つは残さないといけないだろうというふうには考えています。いろんなトイレがある，いろんな対応ができるっていうことは環境としては必要だろう，と。ただそれも，ただ単に今の和式トイレがそのままでいいかというとそうではないと思っております。その点は，これからいろいろアイディアを練っていきたいと考えています。

砂上　そのほかには，トイレの色などに関してもいろいろご質問をいただいているのですが，時間のこともありますので，第1部のパネルディスカッションに関する，特にトイレに関するご質問へのお答えはここで終わります。

4　総　括

岡本　それでは，トイレに関してさらに詳しくお知りになりたい方は，先ほどからもお話しありましたように，園のほうに直接聞いていただきたいと思います。

　あと，じつはですね，質問シートではないのですが，私のほうに直接何人かの方から言われたことがあります。園の環境にすごくお金がかかっているので，補助金以外に，どこからどんなふうにしてお金が出ているのか，「やっぱりすごいお金持ちなんですかね」っていう感想があるのですが，それについて馬場先生からお答えいただいていいでしょうか。じつはみなさんも聞きたいと思っていらっしゃると思うのですが。

馬場　はい，打ち出の小槌が売っておりましたんで（ウソです）。けっして特別な補助金があるわけではございません。ただ，経費を徹底的に削減してい

ます。たとえば電気の契約も内容を変えるとトータルで支払うと前の契約と比べて1か月15000円くらい下がります。コピー機のリース代金も見直しました。警備会社もA社からB社に変えて，1か月3万円くらい安くなりました。

　給食も，今日召し上がっていただいたように，業者に委託しました。材料費も人件費も年間では相当違ってきます。そんなふうにしていくと，今まで垂れ流すように使ってきたお金が，何百万円かは残ってきます。そういう積み重ねっていうのは大きいです。職員全体の意識も高まってきました。1万円減ったら絵本は10冊買えます。あのバランスボールも高いのを想像されているかもしれませんが，1個900円くらいです。テニスボールが大量にあるのは，スポーツ店からリサイクルでただでもらってきました。同じ補助金でも「チリも積もれば山となる」ということです。

岡本　馬場先生，ありがとうございました。

　そろそろ時間もなくなってきましたので，最後にもう1つ質問をご紹介したいと思います。「みなさんに」ということですが，「"トイレは子どもの宇宙だ"を出発点にして，大変有意義なシンポジウムの展開がありました。保育園が地球環境を持続させる原動力になるためにも，それぞれの置かれた地域社会で園児をどう方向づけ保育していくか，考えを聞かせてほしい」ということですが，「これからの保育はどこへ行くんでしょうか」ということなんでしょうか。では，馬場先生からお答えいただけますでしょうか。

馬場　園児も大切な存在，保育士も大切な存在，互いにその大切な存在をわかりあえるような環境がすべてじゃないかと思います。毎日出席してくれてありがとう，握手したりとかハグしたりだとか，それがあたりまえ。今日は，そういえばハグしてへんなあ，寂しいなあ，そういう積み重ねではないかと考えております。

汐見　もう時間ないんですけど。幼稚園とか保育園というのは，地域の人たちに支えてもらわないとうまく続かないんですよね。だから地域のお年寄りが幼稚園とか保育園に来てですね，子どもたちに接して元気をもらうとかね，子どもたちはお年寄りに接して知恵をいろいろもらうっていうようなことを含めてね。

　そうすると，家で使う廃油をみんな幼稚園に持ってきたりするところもあり

ます。そこではそれを燃料に変えているんです。通園バスは全部その廃油燃料で走っているとかね。それからゴミも，生ゴミで園で堆肥なりに全部変えてまた配るっていうことです。各家庭でやっているとなかなか大変だけれども，そういう過程があることによって，エコロジカルな地域作りっていうのが始まるわけですよね。まあ，地域でやれることは限られているんだけれども，そういうことを見ていると子どもたちは今度は拾いにいってくれるじゃないですか。だからそういうことを含めてね，そういう理念をもつことが大事かなって思います。

岡本 ありがとうございました。今回のシンポジウム，研究会を開催するのに，200名と言っていたのが，結局300名以上の方からお申し込みがありました。子どもたちへの影響はどうかなと心配したのですが，馬場先生が，せっかく来てくださるのならということで，お申し込みあった方全員に来ていただくことにいたしました。そして，本田先生から聞いたんですけれども，園に大勢の方がいらっしゃれば，ご近所の方にも迷惑がかかるんじゃないかということで，お手紙を持ってごあいさつしてきたほうがいいんじゃないかという意見が職員の方々から出て，本当にうれしかったとおっしゃっていて，本田先生はもう泣いちゃったんですよね？　本当に１人ひとりの保育士さんが自分の園だっていうふうに感じているなっていうのを，ここに来ていていつも感じます。働かされているっていうのではなくて，主体的に園の仕事をされている，こんなふうに，１人ひとり現場の先生が働きやすい環境を作っていくことが，やっぱり保育の質を高めていくことにつながるのかなと思います。まだまだ発展途上ではあるのですが，もっともっとよくなっていってほしいと思います。

みなさん，今日は長時間ありがとうございました。最後にアンケートをいただきたいと思います。回収は学生さんが，カゴを持って待機しておりますので，アンケートを入れていただきたいと思います。

ご参加のみなさま，そして話題提供，ご講演，指定討論をしてくださった先生方，本当にどうもありがとうございました。

★１　常磐会幼稚園の実践は，ソニー幼児教育支援プログラム2005年度優秀プロジェクト園。
　　サイトURLは，http://www.sony-ef.or.jp/preschool/

エピローグ

　公開保育・研究会では，質問シートへの記入やそのあといただいたメールなどにより，参加者から多数の意見や質問が寄せられました。そのすべてを紹介することはできませんが，ここでは，研究会終了後に開催された「おおわだ保育園の保育を語る会」の内容を紹介することにより，質問の一部にお答えしたいと思います。

　「おおわだ保育園の保育を語る会」は，研究会終了から3週間後の2006年10月9日，東京都内の某所にて開催されました。この会は，公開保育・研究会の際，おおわだ保育園の保育に関していくつかの疑問が寄せられたことから，検討すべき点や反省すべき点が見えてきたことがきっかけとなり開催されました。参加者は園長はじめ研究会の登壇者や参加者など計8名で，無藤先生も出席してくださいました。

　語る会では，改修されたトイレについて，保育室の問題について，また保育方法についてなど，さまざまなことが話題となり，参加者の忌憚のない率直な意見が交わされました。その中から，あまりに個別的なことの議論は省き，「トイレの清潔の保持について」「保育室一体化の利点と問題点」「保育内容と保育士の関わりについて」など，多くの園にも当てはまりそうなことをおもに取り上げて紹介し，最後に無藤先生からなされた総括について述べたいと思います。

トイレの清潔の保持

　寄せられた質問では，「トイレと保育室が一体化されたことにより，トイレの清潔をどのように保持しているのか」というものがありました。

　現在，おおわだ保育園ではトイレの維持管理に関しては，毎日1回便器の洗浄と床面の水拭きとオスバン液による消毒を行なっており，子どもの利用によって尿や便が床面に付着した場合は，その都度拭き取りと消毒を行なっています。トイレコンサルタントの村上氏からは，トイレのスリッパをなくして保育

室と一体化することによって保育室が不潔になるわけではないこと，スリッパにはきかえるから「大丈夫」という考え方が清潔保持に関して無頓着になってしまう危険性のあること，むしろトイレと保育室を分けて，「トイレを汚い場所」と捉えることでよりトイレが汚くなっているケースがあること，お漏らしはトイレ内よりも保育室でのほうが多いのではないかという意見が述べられました。

　また，おおわだ保育園の今回のトイレ改修では，子どもが１人でトイレまで行けて，自分で用が足せることを優先しようと考えた結果，現在のようなプランになっており，そのためにはどのような維持管理が必要になるかということをあらかじめ話し合っていたことが重要であったとのことです。

　さらに，「いっせいにトイレに行く時間を設けるから保育室内でお漏らししてしまうのではないか」という意見も出て，そのことから，いっせいにトイレに行かせるやり方はどうなのかということも議論されました。しかし，この度改修した１，２歳児クラスの子どもに関しては，「排泄の習慣が身につくまでは，ある程度保育士が節目節目にトイレに誘うやり方のほうがいい」という考えの下，活動の節目，食事の前や午睡の前後などの特定の時間にいっせいにトイレに行く時間を設け，それ以外ではそれぞれの子どもの生理的なリズムに合わせているとのことでした。

　今後は，どのように清潔保持をしているのか，それが保育士間にも共通のものとして理解されているのか，また部外者から質問があった場合にもきちんと対応できるのかなどを確認し合い，マニュアル作りを検討する必要がありそうです。

保育室一体化の利点と問題点

　おおわだ保育園は園舎１階に１歳児保育室と２歳児・一時保育がつながった保育室がありましたが，トイレ改修時にこの２つの保育室の壁を取り払い，各クラスを棚（保育士の胸くらいの高さ）で仕切るだけにして，全部の保育室の一体化をはかりました。これによって保育室のどこからでもトイレへのアプローチがしやすくなりました。また各クラスの職員や子どもたちのコミュニケーションをとりやすくすることが，特に乳児クラスにとっては意味のあることだ

ろうという考えがありました。ちなみに，0歳児クラスは別棟のログハウス1階にあり，1，2歳児クラスとはまた異なる環境にあります。

　公開保育の際に寄せられた意見の中に，一体化された保育室の音環境の問題にふれているものがいくつかありました。「歌を歌っているときなど，歌声や伴奏のエレクトーンの音が，ほかのクラスにまで響き騒がしい感じがする」「全体が何となく落ち着きがなくざわざわとした印象がある」「保育士の声が大きすぎるのではないか」などといった内容でした。

　日ごろからいろいろな幼稚園，保育所に行く機会のある私自身も，以前から，多くの園において，音環境に問題を感じていました。おおわだ保育園のように，異年齢クラスを一体化させた広々とした保育室では，子どもたちは自分の部屋以外の保育室にも自由に行き来ができます。低年齢の子どもは，上の年齢のお兄ちゃんお姉ちゃんの様子を見たり一緒に遊んだりすることによって，たくさんの刺激を受けます。また上の年齢の子どもたちにとっても，自分たちより幼い子どもと一緒に遊ぶことには，その育ちにとって意味のあることでしょう。また，保育士にとっても，自分のクラス以外の子どもの様子もよくわかるということや，互いに保育士が助け合うといったこともできます。

　異年齢クラスの保育室を一体化させることには，このようなメリットがあるともに，実際に音が筒抜けになってしまい，何となく落ち着かない雰囲気になってしまうという問題も必ず出てくることなのです。

　「語る会」では，音環境については，保育室内の物的環境の工夫に加え，保育士の関わり方や保育の方法についても十分に検証し改善する必要があるだろうと話し合われました。物的環境については，モノの配置や吸音素材の活用などが考えられますが，保育士の関わり方や保育の方法については，音環境の問題だけではなく，さまざまな問題をも含むものとして捉えなければなりません。音環境を考えるには，保育全体をさらにもっと見直す必要がありそうです。

保育内容と保育士の関わり

　公開保育に参加された方の中から，保育士の子どもへの関わり方についても意見が寄せられました。保育士が子どもの動きに気づけていないということや，言葉のかけ方などについてです。このことは，単に保育士1人ひとりの力量に

よるところだけではなく，園全体の保育の方法，内容のあり方に関わる問題として，音環境同様，多くの園に共通の問題であろうと思います。たとえば，無藤先生からもご指摘がありましたが，おおわだ保育園では，保育士が子どもを集めるときや注目させたいときに「笛を吹く」という場面が多く見られました。また，礼儀作法を身につけさせたいという思いから，あいさつをしたり，順番に並んで移動したりするなどの集団行動をとる場面も多くあります。このように，特に毎日繰り返されるルーティンに関しては，「子どもをまとめる保育」にやや偏よる傾向が見られました。

さまざまな礼儀や生活習慣を身につけなければならないこの年齢の子どもたちに対して，日々の保育の中でどのような方法や関わり方が最も適しているのか，それは一斉保育か否かという保育の形態によるものなのかどうか，「語る会」では，この問題についてもかなり熱く議論がなされました。

おおわだ保育園に関していえば，園に長く通い，日ごろ子どもたちの生活に関わっている私から見ると，決して管理主義保育ではありません。子どもたちはじつにのびやかに育っています。しかし，保育経験がまだ浅い保育士たちは，特にクラス活動においては子どもを「まとめよう」とする意識がはたらいていることも実際にはあるでしょう。このような視点からも保育の内容や方法について検討していくことは，多くの園に課せられた共通の課題といえますが，そのヒントは，「語る会」の最後に無藤先生がおおわだ保育園の保育について総括的に述べられたことの中にありそうです。

無藤先生の総括 ―おおわだ保育園の保育について―

さまざまな意見が出てきたし問題点も多々あるとは思いますが，保育の質を「上級・中級・初級」に区分けすれば，「初級のレベルから中級者のレベル」であろうかと思います。ここで，「一斉保育か自由保育か」といった議論も出ましたが，そういうことは「上級レベル」のことであって，初級から中級レベルだともっと基本的なことを１つずつ見ていくべきでしょう。

おおわだ保育園の保育についていえば，すぐに改善できそうなところから検討していくべきでしょう。たとえば「遊具に頼りすぎているのではないか」といった点を検討するとか，「コーナー」を見直す，空間をどう活かすかとか。

それからやはり子どもをちょっとまとめすぎだと思います。

■「子どもを見る」こと

初級から中級レベルでは，保育士がもっと「子どもを見る」ということを徹底する必要があるでしょう。全体として子どもを見られていないという印象は確かにあります。それから具体的なことを例にあげれば，「子どもを待たせない（滑り台で並ぶとか）」「つまらないことはさせない（公開保育時の3歳児の活動でトンネル役とか）」「（子どもが）見てるだけというような時間をなくす」なども考えるべきでしょう。

■ 教材研究を徹底する

バランスボールの活動は子どもがおもしろそうにやっていました。子どもがおもしろそうにすることには必ず意味があるはずなのです。でもこの年齢（公開保育では4歳児の活動）の子どもに対して，あのバランスボールは大きすぎるでしょう。適切な大きさはどうかなどももっと研究すべきです。おおわだ保育園に限らず，多くの園でこのような教材研究が足りないのです。

シャボン玉遊びの活動（公開保育では2歳児の活動）にしても，「教材研究」という視点が欠けていたと思います。さまざまな素材をおいて膨らみ方の違いを見るなど工夫をもっとするべきだし，十分に考えるべきです。そもそも「シャボン玉遊びは，子どもにとって何がおもしろいのか？」を考えてみましょう。あれは「太陽と風の遊び」です。「光に輝くシャボン玉がきれい」とか，「風にのって浮いてふわふわすることが興味深い」とか，そういう視点から考えた場合，体育館の下でするのはおかしいし，2階のベランダなど高い場所から飛ばしてみるという発想が生まれるはずです。「なぜシャボン玉は楽しいのか」「シャボン玉のどういう特性に子どもは興味をもつのか，どうすれば興味をもって活動できるか」という視点に立って環境を構成する，これが教材研究です。

■ 音の問題について

音環境のよい園はほとんどといってよいほどありません。先生の側に音環境（Soundscape）の意識が足りないのではないでしょうか。声の出し方への配慮も十分とはいえないでしょう。これは養成校の問題でもあります。歌は教えても声の出し方は教えていないから，何かと子どもを静かにさせようと，大きな声を出す保育士が多いのです。子どもたちがうるさくしているときに大きい声

を出して制止するのは矛盾している、つまり子どもは「大きい声を出すこと」を学習してしまうことになるのですね。保育室の騒音についてはカーテンなどで反響しない工夫をすることも必要でしょうし、「音に耳を澄ます」とか「音に対する敏感さを養う」ことも大切でありましょう。

■ どうすればおおわだ保育園の保育はよくなるか

　とはいえ、よいところもたくさんあります。先生たちはみな明るく、子どもたちものびやかです。改善のポイントとしては、先生に対して指摘していくのではなく、子どもの様子をうまく活かしながら保育を改善するとよいでしょう。「（子どもの様子を見られていないから）見逃して残念でしょ」という指摘は、見えていなければ気づかないし、気づけていないことは反省もできないのです。だからこそ、「助言者」が必要になるでしょう。先生へのダメ出しではなく、子どもに着目する方法がよいと思います。

　「笛を吹く」ということの問題点は、うるさいだけでなく、子どもが集まらないときに笛を吹けば子どもは集まってしまうという点にもあります。先生が子どもを見られてなくても、子どもは笛に反応してしまい集まってしまいます。そうではなくて、子どもが集まらなければ、「なぜ集まらないのだろう？」と子どもを見ざるを得なくなるわけです。そうすることで、子どものしていることを「見る」ようになるのです。そして何度も呼ばないことです。子どもが動かない、集まらないことには意味があるのだから、その意味をちゃんと理解するべきで、「じゃあ、明日その続きをしようね」というような言葉かけもできるようになるのです。

最後に

　無藤先生の意見は、「語る会」の参加者みなが納得する内容でした。そして「語る会」の議論も、問題を指摘するのではなく、「どうすればよくなるか」という点に関心が移りましたが、それにはやはり外部からの助言者が客観的に保育を見ていくこと、園長ではない人が見ることに意味があるだろうとのことでした。ただ見て助言するのではなく、保育の中に入って1日を子どもと過ごし、その動き方や関わり方を示して、保育士自身が助言者の保育から学ぶというのもよい方法ではないかと思います。

● エピローグ ●

　また保育士たちに積極的に他の園に見学に行ってもらう。よい保育をしているといわれている園に見学に行ったり公開保育を見にいったりすることで，自分との違いや言葉のかけ方，関わり方が学べるのではないかと思います。無藤先生のおっしゃるように「あなたの保育は悪い」ではなかなか学ぶことができません。そうではなく，子どもがどう変わるかとか，どう育ったかを中心に考えるようにしていくと，ちゃんと見られるようになるのではないか，笛の例はその典型であるように思いました。また，今後は，助言者の派遣や研修への補助金制度の充実も望まれるところです。

　今回，多くの方にご参加いただきました公開保育と研究会，その内容をこのように著書として出版することで，おおわだ保育園はさらに注目を浴びることになるでしょう。それはまた，今後どう変わっていくかということも注目されるということです。私たちもまた，縁あっておおわだ保育園と関わることになった者として，その責任の重さを強く実感し，よりよい保育園作りのためのお手伝いができればよいと願っています。

岡本　拡子

✮⋆ 監修者プロフィール ✮⋆ ●●●●●●●●●●●●●●●●●●●●●●●

●無藤　隆（むとう・たかし）
1946年　東京都生まれ
東京大学教育学部卒，同大学大学院教育学研究科博士課程中退。
お茶の水女子大学・子ども発達教育研究センター教授を経て，
現　在　白梅学園大学教授・学長。
主　著
『早期教育を考える』1998年　NHK出版
『知的好奇心を育てる保育』2001年　フレーベル館
『保育実践のフィールド心理学』共編著，2004年　北大路書房
『保育内容　子どもと環境―基本と実践事例』共編著，2006年　同文書院

●汐見稔幸（しおみ・としゆき）
1947年　大阪府生まれ
東京大学教育学部卒，同大学大学院教育学研究科博士課程修了。
東京大学大学院教育学研究科教授を経て，
現　在　白梅学園大学教授・副学長。
主　著
『親子ストレス―少子社会の育ちと育てを考える』2000年，平凡社
『お～い父親』2003年，大月書店
『保育園民営化を考える』2005年，岩波書店
『学力を伸ばす家庭のルール―賢い子どもの親が習慣にしていること』2006年　小学館

✮⋆ 編者プロフィール ✮⋆ ●●●●●●●●●●●●●●●●●●●●●●●

●岡本拡子（おかもと・ひろこ）
1962年　大阪府生まれ
大阪教育大学大学教育学部卒，聖和大学大学院教育学研究科博士課程修了。
美作大学短期大学部講師，高崎健康福祉大学短期大学部助教授を経て，
現　在　高崎健康福祉大学短期大学部教授。
主　著
『幼児教育課程論入門』共著，1993年　建帛社
『幼い子どもを犯罪から守る！―命をつなぐ防犯教育』共編著，2006年　北大路書房
『生成を原理とする21世紀音楽カリキュラム―幼稚園から高等学校まで』共著，2006年　東京書籍
『エマージェンス人間科学―理論・方法・実践とその間から』共編著，2007年　北大路書房

参加者（五十音順）

岡本　拡子　高崎健康福祉大学短期大学部児童福祉学科教授
汐見　稔幸　白梅学園大学学長
卜田真一郎　常磐会短期大学准教授
砂上　史子　千葉大学教育学部幼児教育講座准教授
瀧川　光治　樟蔭東女子短期大学生活学科准教授
寺田　清美　東京成徳短期大学幼児教育科教授
馬場耕一郎　社会福祉法人　友愛福祉会おおわだ保育園園長
本田美佐枝　社会福祉法人　友愛福祉会おおわだ保育園主任保育士
無藤　隆　白梅学園大学学長
村上八千世　アクトウェア研究所代表

★おおわだ保育園URL　http://www.oowada.ed.jp/

保育園は子どもの宇宙だ！
―トイレが変われば保育も変わる―

| 2007年4月20日 | 初版第1刷印刷 |
| 2007年5月10日 | 初版第1刷発行 |

定価はカバーに表示
してあります。

監修者　　無　藤　　　隆
　　　　　汐　見　稔　幸

編　者　　岡　本　拡　子

発行所　　㈱北大路書房
　　　〒603-8303　京都市北区紫野十二坊町12-8
　　　　　電　話　(075) 431-0361㈹
　　　　　F A X　(075) 431-9393
　　　　　振　替　01050-4-2083

©2007　　制作／見聞社　　　印刷・製本／亜細亜印刷㈱
　　　検印省略　落丁・乱丁本はお取り替えいたします。
　　　ISBN978-4-7628-2557-6　　Printed in Japan